छोटानागपुर के सुरीले लोकगीत

संस्कार गीत, झूमर तथा डमक

विमलेश्वरी सिंह

वाणी प्रकाशन

वाणी प्रकाशन
4695, 21-ए, दरियागंज, नयी दिल्ली 110 002
फ़ोन : +91 11 23273167 फ़ैक्स : +91 11 23275710
शाखाएँ
अशोक राजपथ, पटना 800 004, बिहार
कॉफ़ी हाउस कैम्पस, महात्मा गांधी मार्ग, इलाहाबाद 211 001, उत्तर प्रदेश
महात्मा गांधी अन्तरराष्ट्रीय हिन्दी विश्वविद्यालय, वर्धा 442 001, महाराष्ट्र
सुल्तानिया रोड, मोतिया पार्क, भोपाल 462 001, मध्य प्रदेश
www.vaniprakashan.com
marketing@vaniprakashan.in
sales@vaniprakashan.in

Chhotanagpur Ke Sureele Lokgeet
by Vimleshwari Singh

ISBN : 978-93-90678-01-3
Geet

पेपरबैक प्रथम संस्करण 2021

मूल्य : ₹ 299

आर. टेक ऑफ़सेट प्रिंटर्स, दिल्ली-110032 में मुद्रित

वाणी प्रकाशन का लोगो मक़बूल फ़िदा हुसेन की कूची से

मैं यह पुस्तक भ्राताश्री प्रसिद्ध शास्त्रीय संगीतज्ञ वायलिन वादक कुमार दिनेश देव को समर्पित कर रही हूँ। इन्होंने छोटानागपुरी लोक संगीत को अमेरिका तक पहुँचाया और शास्त्रीय संगीत के साथ लोक संगीत की धुनों को बजा कर काफ़ी प्रशंसा पायी।

भूमिका

मेरी पुस्तक 'नागवंश मिथक, इतिहास और लोक साहित्य' का अच्छा स्वागत होने के कारण मुझे झारखण्ड के अनुष्ठानों, संस्कारों के लोकगीतों का संकलन झारखण्ड के लोगों के सामने रखने की जिज्ञासा जगी। झारखण्ड के प्रत्येक घर में संस्कार गीत गाये जाते हैं किन्तु समय के बदलाव के साथ रीति–रिवाजों में परिवर्तन आने के कारण संस्कार गीतों का स्थान डिस्को और प्रचलित फ़िल्मों के गाने ले रहे हैं। फलस्वरूप संस्कार गीत आज लुप्तप्राय होते जा रहे हैं। यहाँ तक कि लोगों को डर हो रहा है कि हमारे संस्कार तथा हमारी संस्कृति बच भी पायेगी या नहीं।

ग्लोबलाइज़ेशन अथवा विदेशों से आना–जाना आसान हो जाने के कारण हमारी संस्कृति पर इसका प्रभाव पड़ना अवश्यम्भावी है। ऐसे समय में संस्कार की जो बची–खुची धरोहर है उसे सँजोकर रखना आवश्यक है, ताकि हमारी आगे जाने वाली पीढ़ियों को इससे कुछ लाभ मिल सके अन्यथा 'संस्कार' जैसी किसी वस्तु का अस्तित्व हमारे समाज में बच ही नहीं पायेगा।

संस्कारों के गीत मानवीय सम्बन्ध की संवेदना हैं। आस्था, विश्वास और रीति–नीति इत्यादि परम्पराएँ तो वैदिक युग से चली आ रही हैं, ये लोकगीत, लोकवार्ता का बहुत–सा अंश एवं लोक जीवन की पद्धति को समेटे हुए हैं। संस्कार गीत भारतीय संस्कृति और सभ्यता का एक पवित्र कोष हैं। संस्कार वह परम्परा है जिसका कोई ओर–छोर ही नहीं है। प्रत्येक संस्कार में संगीत बसा हुआ है।

हाल ही में मैंने एक अख़बार में पढ़ा है कि प्रसिद्ध शास्त्रीय संगीत गायिका गिरिजा देवी ने लोक संगीत गायिका मालिनी अवस्थी के साथ मिलकर एक संगीत गोष्ठी का आयोजन किया है जिसे 'सोन चिरइया' के नाम से जाना जायेगा और गाँव–गाँव में जाकर मिटते हुए लोक संगीत का प्रचार किया जायेगा।

यह एक महत्त्वपूर्ण क़दम है। इससे लोकगीतों को अपना स्वरूप क़ायम रखने में काफ़ी मदद मिल सकेगी।

जैसा कि हमें विदित है कि लोकगीतों की रचना और रक्षा में हमेशा से ही स्त्रियों की भूमिका सर्वाधिक महत्त्वपूर्ण रही है। अधिकांश लोकगीतों की रचना भी स्त्रियाँ ही करती रही हैं। उनमें सुख–दुख, आशा–निराशा, विरह–मिलन आदि की अभिव्यक्ति होती है।

लोकगीतों में स्थायीपन अधिक होता है और परिवर्तन कम नज़र आता है किन्तु नागपुरी गीतों में आजकल बड़े पैमाने पर परिवर्तन होते हुए देखा जा रहा है। उनमें काफ़ी आधुनिकता आ गयी है।

परिवर्तन आना स्वाभाविक है। मनुष्य अपनी आवश्यकता के अनुरूप रीति–रिवाजों में भी परिवर्तन लाता है। हमारी संस्कृति इन रीति रिवाजों पर ही टिकी हुई है; इनका पूर्णतः लोप होना हमारी संस्कृति का बिखरना होगा।

छोटानागपुरी नृत्य मांदर वाद्य के साथ

पतरातु घाटी का प्राकृतिक दृश्य

यहाँ के जल प्रपात

धार्मिक स्थल : बैद्यनाथ धाम मन्दिर; सावन महीने की भीड़

पुरानी लोक गाथाओं में हम केवल अन्धविश्वास को ही अभिव्यक्त नहीं करते बल्कि साधारण रूप में, प्रत्यक्ष रूप में शिक्षा देने का काम भी करते हैं जो जनमानस को अतिशय प्रभावित करती हैं। पारम्परिक लोक–गीतों का प्रभाव जन–मानस पर अधिक पड़ता है। किसी गाने में निहित लोकोक्ति यानी कुछ शिक्षाप्रद बातें अधिक प्रभावशाली होती हैं।

मनोरजन तथा व्यंगात्मक तथ्य भी प्रयुक्त होते हैं जो युवा–पीढ़ी के लिए शिक्षा का ज़रिया होता है। इनमें उपदेश निहित होते हैं।

यहाँ के प्राचीन वासी कहाँ से आये हैं? बीते समय में हमारे सम्बन्ध किधर से रहे? गत समय में इस प्रदेश की सामाजिक, आर्थिक परिस्थिति कैसी रही है? ऐसे कुछ प्रश्न हैं जो हर क्षेत्र के अनवेशी या साहित्य प्रेमी के मन में उठते रहते हैं। उनके प्रामाणिक उत्तर देने की ओर बहुत कम लोगों का ध्यान जाता है।

यहाँ पहाड़, झरने, नदी आदि दार्शनिक स्थलों के साथ पुराने मन्दिर आदि भी प्रचुर मात्रा में हैं। अतः गीतों में आध्यात्मिकता और भक्ति रस तो यहाँ के गीतों में कूट–कूट कर भरा है।

प्रतिदिन के जीवन को चित्रित करने वाले ये गीत बड़े लोकप्रिय रहे हैं क्योंकि जनमानस के भावोद्‌गार ही इनके विषय रहे हैं। लोक विश्वास यहाँ के बसने वालों के मानसिक, सामाजिक, धार्मिक तथा बौद्धिक पक्ष पर प्रकाश डालते हैं। वार और मास से अनेक विश्वास जुड़े हुए हैं। इसी प्रकार मौसम का भी बहुत बड़ा हाथ होता है।

विवाहादि संस्कार मौसम को ध्यान में रखकर ही सम्पन्न होते हैं। चतुर्मास आदि बरसात के चार मास को ख़्याल में रखकर ही सम्पन्न होते हैं।

लोक–गीतों में संस्कार गीतों का विशेष स्थान है। धार्मिक क्षेत्र में ब्राह्मणों का कर्मकाण्डी रूप व्यवहार में आता है; उसी प्रकार लोक संस्कृति में वह स्थान स्त्रियों के संस्कार गीतों को प्राप्त है। संस्कार गीतों से हर्ष–उल्लास, ख़ुशी और ग़म की अनुभूति होती है।

पुस्तक लिखने का अभिप्राय

बहुत पहले लोकगीतों में मेरी रुचि देखकर मेरे पति डॉ. कुमार सुरेश सिंह (आई.ए.एस) जिन्होंने 'बिरसा मुण्डा और उनका आन्दोलन' नामक किताब लिखी, मुझसे कहा था कि मैं झारखण्ड (छोटा नागपुर) के संस्कार गीतों का संकलन करूँ और उन्हें प्रकाशित कराऊँ। मेरे पास विवाह आदि संस्कारों के गीतों का संकलन पहले से ही था। शादी–विवाह, जन्मोत्सव आदि संस्कारों के समय छोटा नागपुर (झारखण्ड) में बहुतायत से गीत गाये जाते हैं। ये गीत कण्ठ से कण्ठ होते हुए यानी वाचिक परम्परा के माध्यम से ही हज़ारों वर्षों की लम्बी यात्रा करते हुए आज भी जीवित हैं। अतः इन गीतों के माध्यम से युगों–युगों से चली आ रही झाँकियों से अवगत होने के सुनहरे मौक़े मिलते हैं। ये संस्कार गीत सदान जो छोटानागपुरी भाषा बोलते हैं, गीत हैं।

ये गीत विशेषकर महिलाओं द्वारा रचित हैं। घरेलू कामकाज करते हुए महिलाएँ गीत गाया करती हैं और अक्सर इसी प्रकार कुछ नये गीतों की रचना हो जाया करती है। प्रसिद्ध लेखिका पद्मा सचदेव के अनुसार ये गीत परम्परागत रूप से महिलाओं द्वारा ही रचे गये हैं। एक गाँव में मुखड़ा तो दूसरे गाँव में अन्तरा, इस प्रकार पूरा गीत बन जाता है। महिलाएँ चक्की चलाते, चरखा चलाते, कढ़ाई–बुनाई करते, चावल–दाल चुनते ये गीत गाती रहती थीं जिससे काम नीरस नहीं होता था और अपने आप उनकी अगली कड़ियाँ जुड़ती जाती थीं। ये गीत इसी प्रकार बने हैं। एक गाँव में मुखड़ा बना तो दूसरे गाँव में अन्तरा, इस प्रकार पूरा गीत रच दिया गया।

झारखण्ड जहाँ के लिए कहा गया है–"यहाँ बोलना गीत है और चलना नृत्य है।" यहाँ का लोक साहित्य, संगीत, नृत्य लोगों के दिलों को स्पर्श करता है, आपस में दिलों को जोड़ता है। ये पर्व त्योहार तक जीवन चक्र के अनुष्ठान भाषा, साहित्य और संस्कृति की अमूल्य धरोहर हैं। अब ये गीत लुप्त प्राय हो चले हैं। इनकी जगह डिस्को और फ़िल्मी संगीत ने ले ली है। इन मिटते हुए लोक–गीतों को बचाकर रखना आवश्यक है। इनमें हमारी संस्कृति बसती है।

ये पुराने लोकगीत आज तेज़ी से बदल रहे मानवीय मूल्यों के प्रति भावी पीढ़ी को सचेत करने में कामयाब होंगे। यदि इन्हें बचाकर रखा जाये, इनमें मानवीय रिश्तों को बहुत से आयाम देने होंगे जो कभी खोजे नहीं गये हैं। लोक साहित्य, संगीत, नृत्य, नाट्य और काव्य जो समुदायों के दिलों को छूते हैं और उनको आपस में जोड़ते हैं। पर्व–त्योहार और जीवन चक्र के अनुष्ठान में कई समुदायों की भागीदारी होती है।

उत्सव में नृत्य करती युवतियाँ

संस्कार गीत शादी–ब्याह, जन्मोत्सव, यज्ञोपवीत, मुण्डन आदि संस्कारों के समय गाये जाते हैं। ये गीत वाचिक परम्परा के माध्यम से हज़ारों वर्षों की लम्बी यात्रा करते हुए आज भी जीवित हैं। अतः इन गीतों में युगों–युगों की झाँकी मिलती है। ये गीत घरेलू कामकाज करते हुए महिलाएँ गाया करती हैं और इस प्रकार काम नीरस नहीं होता।

हमारा भारत देश गाँवों का देश है। एक गाँव में मुखड़ा तो दूसरे गाँव में अन्तरा, इस प्रकार पूरा गीत बन जाता। महिलाएँ चक्की चलाते, चरखा चलाते, कढ़ाई–बुनाई करते, चावल–दाल चुनते ये गीत गाती रहती थीं, और हैं और अपने आप उनकी अगली कड़ियाँ जुड़ती जाती थीं। ये गीत इसी प्रकार बने हैं।

ढोल वाद्य के साथ युवक

कहा जाता है–"एक कोस पर पानी बदले तीन कोस पर बानी।" हमारा देश एक विशाल देश है। यहाँ कई भाषाएँ पनप रही हैं। मैंने झारखण्ड के लोकगीतों और संस्कार गीतों का चयन किया है क्योंकि मैं यहाँ की भाषा जानती हूँ। कहावत है–"यहाँ बोलना ही गीत है और चलना ही नृत्य।" यह वाक्य कवि केशरी कुमार का है जो बहुत दिन झारखण्ड में रहे थे।

हिन्दू घरों में जन्मोत्सव अथवा बच्चे का जन्म अथवा जन्म का संस्कार 16 संस्कारों में एक संस्कार होता है। यह संस्कार बच्चे के जन्म के छठे, बारहवें तथा इक्कीसवें दिन : छठी, बरही एवं इकइसी के नाम से मनाये जाते हैं।

जन्मोत्सव के समय जैसाकि यहाँ का प्रचलन है जन्मोत्सव के गीत गाये जाते हैं। इन गीतों में यहाँ की संस्कृति की झलक मिलती है क्योंकि ये कण्ठ से कण्ठ सुनकर सदियों से सँजोये होते हैं। इनसे पता चलता है बहुत पहले यहाँ के लोगों का रहन–सहन, खान–पान आदि कैसा होता था इनके सोच–विचार कैसे थे। जन्मोत्सव के गीत इस प्रकार हैं–

जन्मोत्सव के गीत–

1

केकर अँगने जम्हरिया, लहर–लहर करे सहर–सहर करे लाल
केकर बहुआ गरभ सयें, मने–मने हुलसये चिते–चिते हुलसये लाल।
फलना राम कर अँगने जम्हरिया लहर–लहर करे सहर–सहर करे लाल।
फलना राम कर बहुआ गरभ सयें मने–मने हुलसये चिते–चिते बिहंसये
मारे पिछुवारे बढ़इया भइया बेगे चली आहु तुरन्ते चली आवहु लाल
जरी सयें काटहु जम्हरिया तो पलँग बिनायेब लाल।
इपारे सुतलैं फलना राम ओरे पारे दुलिहनी दई लाल
बीचे ठावें सुतल होरिलवा तो पलंक सुहावन लाल अद्‌भुत सुख पावलैं लाल।

2

अँगनहीं कुइयाँ रे खोनावल, पियरी रांगावल जे
ललना जाये के नागावहु फलना राम के
रउरे घरे नाती भेल।
भल भेल भल भेल नाती मेल, आउर वंस बाढ़ल जे
ललना सउरी के धुंगिया आकासे गेलैं
पित्र आनन्द भेल।

इसी प्रकार पिता, चाचा आदि सबके नाम लेकर गाये जाते हैं।

सउर घर उसे कहते हैं, जिस कमरे में जच्चा और बच्चा रहते हैं। यहाँ आग जलाई जाती है बच्चे को सेंकने के लिए। यह कहा जाता है कि इस आग का धुआँ आकाश को

जाता है तथा जैसाकि हिन्दू मानते हैं हमारे पूर्वज जो गुज़र गये हैं, उनका स्थान आकाश में कहीं है और वे सउर के इस धुएँ के उनके पास पहुँचने पर जानते हैं कि उनके घर में सन्तान पैदा हुई है और वे आनन्दित होते हैं। उपर्युक्त सोहर में तात्कालिक पारिवारिक जीवन की झलक मिलती है जो जन्मोत्सव के समय एकजुट होकर उत्सव मनाया करते थे।

बच्चे का जन्म होते ही चाहे हिन्दू घर हो या मुस्लिम घर महिलाएँ इकट्ठी होकर ढोलक और मंजीरों के साथ गाना शुरू कर देती हैं। ''अँगने में खेलैं नन्द लाला'' इस प्रकार जन्मोत्सव का आरम्भ होता है तो प्रथम संस्कार होता है जन्म संस्कार।

3

आधा राती गेल पहर राती गेल हो ललना
भिनुसारे होरिला जन्म लेल
ललना बाजे लागल आनन्द बधावा
महल उठे सोहर हो।
बधावा सुनके सासु जे नाचे हो
ललना दुवरहिं नाचेला गोतनी तो
बाजेला बधावा हे।
बधावा सुनके ननदी जे नाचे हो
ललना अँगना ही नाचेला ननदी तो
बाजेला बधावा हे।

बच्चे का जन्म हुआ, बधावा बजने लगे। बधावा सुनकर आसपास के लोगों को मालूम हो गया कि बच्चे ने जन्म लिया है। आसपास की महिलाएँ बाजा सुनकर वहाँ जुट जाती हैं। आनन्द का माहौल है। बधावा बज रहा है सुनकर ननद नाच रही है। कहीं द्वार पर तो कहीं कमरे में जहाँ भी लोगों ने सुना ख़ुशी के मारे नाचने लगे। कहीं सासुजी नाच रही हैं तो कहीं देवरानी–जेठानी, सभी नाचने में मग्न हैं। बच्चे के जन्म के समय गाये जाने वाले गीत (सोहर) निम्नलिखित हैं–

4

कोने बने कोने बने केवड़ा कोने बने नरियर हो
ललना कोने बने चुअहइँ गुलाब
तो चुनरी रँगायब जे

बाबा बने बाबा बने केवड़ा, भइया बने नरियर हे
ललना सइयाँ बने चुअहइँ गुलाब तो
चुनरी रँगायब हो।
सेइ चुनरी पहिरलै दुलिहन देइ
ललना चली भेलैं चुआँ पानी घाट तो
चुकावहीं जल भरे जे
घोड़वा चढ़ल आवे मुसाफिर हो
ललना केकर हेकी रउरे बहुआ तो
चुकावहीं जल भरे जे।
बाबा के हेकी हम बेटी तो सासुजी के पुतहिया
ललना सइयाँ जी के हेकी हम बहुआ तो
चुकावहीं जल भरी जे।
मचियहिं बइठली सासू बड़इकीनी हो
ललना घोड़वा चढ़ल आवे मुसाफिर
ओली बोली बोलये बोली ना सोहावे हो
''कइसन रंग है घोडवा कवन रंग असवरवा
हे बहुआ अइसन भोली बोली बोलये...''
श्याम रंग हये घोड़वा गोर रंग असवरवा
हे सासु अइसन ओली बोली बोलये बोली न सोहावये हो
चुपे रहू चुपे रहू बहुआ, पटोरे पोछु लोर हो
ललना ओहे हेकैं बेटा हमार तो कन्त तोहार जे।

सोहर के इस गीत में बड़ा ही मार्मिक प्रसंग है। एक युवती गुलाबी रंग की साड़ी पहन कर जल भरने चुआँ (एक छोटा कुआँ) पर जाती है। इतने में एक घुड़सवार उधर से गुज़रता हुआ उसे देखकर पूछ बैठता है ''तुम किसकी बेटी हो, किसकी बहु हो; यहाँ जल भरने आयी हो? युवती उत्तर देती है मैं बाबा की बेटी हूँ, ससुर जी की बहु हूँ। अपने पति की पत्नी हूँ। यहाँ जल भरने आयी हूँ।''

युवती जल लेकर घर आती है और आँसू पोंछती हुई अपनी सास जो मचिया पर बैठी होती है; कहती है ''सासुजी घोड़े पर सवार एक मुसाफ़िर आया और मुझ से ऐसा सवाल करने लगा यह मुझे अच्छा नहीं लगा।''

सास ने बहु से पूछा बहु मुझसे बताओ कि वह किस रंग के घोड़े पर सवार था और उसका रंग कैसा था? बहु ने कहा ''वह श्याम रंग के घोड़े पर सवार था और वह गौर वर्ण असवार था।''

इस पर सास ने उसे चुप रहने को कहा और आँसू पोंछ लेने को कहा। उसने कहा बहु वही मेरा बेटा है और तुम्हारा पति है।

यह प्रसंग बड़ा ही मार्मिक है। पुराने ज़माने में हमारे यहाँ बचपन में ही विवाह कर दिया जाता था और काम के सिलसिले में जवानों को विदेश जाना होता था। घर लौटने में उन्हें बरसों लग जाते थे बचपन में विवाह हो जाने पर वे एक–दूसरे को अच्छी तरह देख भी नहीं पाते थे। अतः जब काम से वर्षों बाद वापस घर आते तो पति–पत्नी को पहचान भी नहीं पाता था।

इस सोहर गीत में ऐसे ही प्रसंग को दर्शाया गया है। कुछ दिन पहले इस सोहर गीत को एक अख़बार ने छापा था और इस प्रसंग को पाठकों के सम्मुख लाने का प्रयास किया था, जो सराहनीय है।

5

कहाँ उगेला अनार तो कहाँ केसर जे
ललना कहाँ उगेला गुलाब
चुनरी हम रँगायेब हो।
बाबा बने उगेला अनार तो उगेला अनार हो
ललना सैयों बने उगेला गुलाब तो
चुनरी हम रँगायेब जे।
कहाँ से आवेला पियरी झालर भर पियरी हो
ललना कहाँ से आवेला सेन्दुरवा
सेन्दुर भर सेन्दुरवा हो
बाबा घर से आवेला पियरी झालर भर पियरी हो
ललना सैयाँ घर से आवेला सेन्दुरवा
सेन्दुर भर सेन्दुरवा हो।

6

एक तो मैं पान जैसी पातर फूल जैसी सुन्दर हो
ए ललना दूसरे मैं बाबा के दुलारी, दरद कइसे सहब हो।
काहे लेगिन बाबा मोर बियाहले, सजन घर बियाहले हो
ए ललना रहती मैं बारी कुँवारी, दरद नहीं पाती हो।
आधा राती गेल पहर राती हो आउर सगर राती हो
ए ललना बाजे लागल आनन्द मधावा, महल उठे सोहर हो।
भले भले बाबा मोर बियाहले सजन घर बियाहले हो
ए ललना रहती मैं बारी कुँवारी होरिला कहाँ पायती हो।

7

दरदिया तो हमने सहाई सइयाँ के लाल कइसे कहाइ
आउ आउ सासू पलँग चढ़ी बइठू
इ बात करहु सफाई सइयाँ के लाल कइसे कहाई
दरदिया तो हमने सहाई सइयाँ के लाल कइसे कहाई
चाहे बहु लड़ू चाहे बहु झगड़ू
इ लाल बेटा के कहाइ तोहर लाल कइसे कहाइ।

(हास्य रस का पुट)

8

कइसन बृन्दा के बनवा कइसन जमुना
कि आहो रामा कइसन मोर बाल कन्हइया
खेलेला अँगनवा हो।
हरियर हरियर बृन्दाबन सीतल हइ जमुना
कि आहो रामा सुन्दर मोरा बाल कन्हाइ
खेलेला हो अँगनवा हो।
सास मोरा डाइन, ननद मोरा जोगनियाँ
आहो रामा दुधवो ना पियेला कन्हाइ
रोवेला हो एतना हो।
काटबूँ मैं चन्दन गछिया घेराइब अँगना हे

कि आहो रामा ढुनमुन बाल कन्हइया
खेलेला हो अँगना हो।

जन्म के बाद बच्चा जब डेढ़, ढाई, तीन या पाँच वर्ष का होता है तब मुण्डन संस्कार किया जाता है। इस संस्कार के समय उसके सिर के बाल मुड़वा दिये जाते हैं। प्राचीन समय में यह संस्कार चूड़ाकरण संस्कार के नाम से जाना जाता था। यह किसी मन्दिर, तीर्थ स्थान या घर में भी सम्पन्न होता है। इस संस्कार में भी उबटन लगाने का रिवाज है। पाँच या सात बार उबटन लगाया जाता है और लगाने के समय गाने गाये जाते हैं।

मुण्डन संस्कार के बाद जो मुख्य संस्कार होता है वह यज्ञोपवीत संस्कार होता है। पहले यह संस्कार काफ़ी कम उम्र यानी 15–16 वर्ष की उम्र तक कर दिया जाता था, किन्तु अब समयाभाव को देखते हुए कभी–कभी विवाह के दो–चार दिन पूर्व भी किया जाता है। इस संस्कार के लिए भी मण्डप बनाये जाते हैं और उबटन की रस्म की जाती है। इस संस्कार के लिए विवाह जैसा ही आयोजन होता है। अतः आजकल इसे विवाह के साथ ही सम्पन्न कर दिया जाता है।

इस संस्कार के लिए भी अलग से गीत बने हुए हैं। यह संस्कार बहुत महत्त्वपूर्ण संस्कार है और इसके गीत भी बड़े हृदयग्राही होते हैं। लड़का भिक्षा माँगने के लिए सर्वप्रथम माँ के पास तथा मामा के पास जाता है। मामा का इस संस्कार में विशेष महत्त्व होता है। उसे इस संस्कार के समय अवश्य उपस्थित रहना पड़ता है। मामा के भिक्षा देने के बाद परिवार के सभी सदस्यों से वह भिक्षा लेता है। वह संन्यासी के वेश में गेरुआ वस्त्र और पैर में खड़ाऊँ तथा हाथ में कमण्डल और थाली लेकर भिक्षा माँगता है। इस प्रकार यज्ञोपवीत संस्कार सम्पन्न होता है। यह संस्कार विशेषकर ब्राह्मणों एवं क्षत्रियों में आवश्यक होता है। पण्डित के साथ घर–परिवार के सदस्य मिलकर पाँच व्यक्ति मन्त्रोच्चार के साथ यज्ञोपवीत पहनाते हैं। यज्ञोपवीत या जनेऊ के गीत इस प्रकार हैं–

(कहाँ से अइले जोगी के राग में)

1

चारी हो केरा अँगना
मड़वा बड़ी रे सुन्दर।
हाँथ कोंपल पर्सक डंटल,
कनक कमण्डल कर लिए।
पहिरु बरुवा गोबर जनेऊ,

मड़वा बड़ी रे सुन्दर।
हाम नहीं पहिरब आजा गोबर जनेऊ
पहिरब आजा सोने के जनेऊ
मड़वा आजा बड़ी रे सुन्दर।
सोने के जनेऊ नाती बाह्मण के होवी
पहिरु नाती सूता के जनेऊ
मड़वा बड़ी रे सुन्दर।

2

पोखरी का पिड़ियहीं सूखल परास,
तेही तरे बरुवा रहैं मन माइर।
आजा हमरो आजा बिनती हमार
राउर जनेऊ आजा हमरो के देउ।
दिहबुँ जनेऊ नाती करबूँ बिआह।
लइये रे बइटावब नाती सजन के पास
लइये रे बइठावब नाती कुटुम्म के पास।

3

भीख देहू माई भीख देहू
हम काशी के बासी हो भीख देहू माई भीख देहू।
एही भीखिया केरा कारने, हम छोड़ली बनारस हो।
भीख देहू माई भीख देहू।
जो हम जानती बाबू (नाम लेकर) बरुआ अइहें
कंचन थरवा गढ़ावती, मोतिया ही अंजूली भरावती
भीख देवती हो।
भीख देहू माई भीख देहू।

(भीख माँगने के समय)

छोटा नागपुर के नगपुरिया समाज में विवाह देवोत्थान एकादशी (कार्तिक शुक्ल) से लेकर आषाढ़ शुक्ल एकादशी घुरती रथयात्रा के दिन तक किया जाता है। विवाह के

मांगलिक अवसरों पर विवाहोत्सव के गीत गाये जाते हैं। देवोत्थान एकादशी के दिन से विवाह के गीतों का गायन प्रारम्भ हो जाता है। इसी दिन तुलसी–विवाह का भी प्रचलन है। तुलसी पूजा और तुलसी–विवाह का महोत्सव भी मनाया जाता है। कहा जाता है इसी दिन तुलसी का विवाह हुआ था, अतः विवाहादि शुभकार्य इसी शुभ दिन से प्रारम्भ किये जाते हैं। विवाहोत्सव के समय गाया जाने वाला गीत, जो डमकच कहलाता है, वह भी उसी दिन से गाना आरम्भ किया जाता है। यह नृत्य गीत होता है।

वैवाहिक कार्यक्रमों के आरम्भ के साथ विवाह के अवसर के गीत भी गाये जाते हैं। ये गीत विवाह के प्रत्येक नेगचार के अवसर पर गाये जाते हैं।

मण्डपाच्छादन के बाद घृतढ़ारी की रस्म होती है, उसे 'घीऊढ़री' कहा जाता है। इस रस्म के समय का गीत इस प्रकार है–

के राउर पोसलैं गाइ भंइसी हो – किसने गाय–भैंस पाली?
के राउर संचलै घीव – किसने घी का संचय किया?
आजा राउर पोसलैं गाई भंइसी हो – तुम्हारे दादा ने गाय–भैंस पाली?
आजी राउर संचलै घीव – तुम्हारी दादी ने घी का संचन किया।
सेइयो घीवा परलैं अगीनी परे हो – वही संचित घी अग्नि पर पड़ा।
पित्र आनन्द भेलैं – जिससे सभी पितृ आनन्दित हुए।
सेइवो घीवा परलैं अगीनी परे हो – अग्नि पर घी के पड़ने से
धुँगिया आकाशे गेल – आकाश में धुआँ उठकर गया
पित्र आनन्द भेलैं। – वहाँ सभी पितृ यह जानकर आनन्दित हो गये कि मेरे घर में आनन्द का उत्सव हो रहा है।

साधारणतः घृतढ़ारी के दिन ही बाक़ी सब नेगचार पूरे हो जाते हैं। अब बारी आती है दूल्हा या दुल्हिन को सजाने की। इसकी तैयारी के साथ–साथ गाने भी होते हैं।

मालिनी अइले मुँगेर से
मालिन मउरी ले आये गजराज के
मड़वहीं बइठली आहो आजी
आजी करु ना मउरिया के मोल हो
मड़वहीं बइठली आहो अम्मा

अम्मा करु ना मउरिया के मोल हो
मड़वहीं बइठली आहो काकी
काकी करु ना मउरिया के मोल हो।

वर–कन्या को नहलाने के समय जो गाने गाये जाते हैं, उन्हें 'नहनौत' कहते हैं। शादी के दिन लड़की को मण्डप पर ले जाने से पहले उसे नहलाकर कपड़े, जेवर आदि से सजाकर गौरी पूजन करवाया जाता है।

वर–कन्या को नहलाने के लिए पाँच या सात सुहागिनें घड़े में पानी भर लाती हैं जिससे वर या कन्या को नहलाया जाता है। इसी प्रकार मिट्टी फोड़कर लाने का भी विधान पाँच सुहागिनें करती हैं। इसे मड़वे पर रखा जाता है। गौरी पूजन के लिए गौरी की मूर्ति बनाकर सिन्दूर से पूजन किया जाता है यह कन्या के विवाह के उपलक्ष्य में होता है। जब तक बारात द्वार पर नहीं आ जाती है वह पूजा करती रहती है और अपने सौभाग्य का वरदान माँगती है।

मंगल–कार्य के उपलक्ष्य में मंगल कलश ले जाती हुई सुहागिन महिला

शुभ अवसर पर मंगल कलश की स्थापना

नहनौत

के मोरा पोखरा खोनावलैं
घाट बँधावलैं जे
आहो कवन रानी के भरल कहार
कवन रानी नहावलैं जे।
बाबा मोरा पोखरा खोनावलैं
घाट बँधावलैं जे
आहे दुल्हिनी (नाम लेकर) के भरल कहार
दुल्हिनी दइ नहावलैं जे।

दाल दररने के समय मण्डापाच्छादन के बाद के नेगचार

केकर अँगनहीं सोने चकरी,
कवन रानी दररलैं दाइल अपनी
बाबा केर अँगना में सोने चकरी
माँय राउर दररलैं दाइल अपनी।

धान कूटने के समय

केहु स्वयंबर ठानल, के धनुष तोरलैं जे
केकर होवत बियाह धनछुह गीत गावलैं जे
जनक स्वयंबर ठानल, राम धनुष तोरलैं जे
सीता के होवत बियाह धन छुह गीत गावलैं जे।

अर्थात : किसने स्वयंवर ठाना, धनुष तोड़ा? किसका ब्याह रचाया जा रहा है? जनक राजा ने स्वयंवर ठाना; राम ने धनुष तोड़ा; सीता का ब्याह हो रहा है और धान कूटने का गीत गाया जा रहा है।

लावा भूँजने के समय

कान्दू आवैं घोड़ा चढ़ी, कन्दुवाइन आवैं डण्डी चढ़ीं जे।
छउवा पुता आवैं घुसुर कुरिया कन्दुवाइन लावा भूँजैं जे।
हदर हदर लावा भूँजैं जे।

देहु भइया सोने खरिका, देहु भइया रुपे खरिका जे
देहु भइया नेग हमार तो तब लावा भूँजबइ जे।
हदर हदर लावा फूटे कन्दुवाइन लावा भूँजैं जे।

लावा भूँजने का नेग बहन भाई से माँग रही है। बहनें लावा भूँजती हैं भाई के विवाह के लिए। वर के घर से लावा भूँजकर कन्या के घर भेजा जाता है।

मण्डपाच्छादन के पश्चात् धान कूटने की रस्म सम्पन्न होती है। सुहागिनें धान कूटती हैं। बारी–बारी से पाँच या सात सुहागिनें मण्डप पर धान कूटने की रस्म करती हैं। जिसका विवाह होता है उसे उबटन लगाये जाते हैं।

हल्दी चढ़ाते समय

अब करहु सकल त्योहार हरदी मंगल के
पहिले चढ़ावैं पण्डित पुरोहित
तबले सकल परिवार हरदी मंगल के
पहिलै चढ़ावैं आजा आपन आजा
तबले सकल परिवार हरदी मंगल के
अब करहु सकल त्यौहार हरदी मंगल के
पहिले चढ़ावैं बाबा आपन बाबा
तबले सकल परिवार हरदी मंगल के
अब करहु सकल त्यौहार, हरदी मंगल के।

गीतों का यह क्रम विवाह या यज्ञोपवीत के पूरे अवसर तक चलता रहता है। मण्डपाच्छादन होता है। घृतढारी एवं पूर्वजों की याद में पूजा–हवन आदि कार्य किये जाते हैं।

ये गीत परम्परागत छोटानागपुर के सदान समुदाय के विवाह के समय के प्रचलित गीत हैं। सदान समुदाय जहाँ तक छोटानागपुरी यानि नागपुरी भाषा–भाषी समुदाय है ये यहाँ के मूल आदिवासियों की भाषाओं से भिन्न हैं। आदिवासियों में भी अनेक समुदाय हैं किन्तु उनकी अलग–अलग भाषायें हैं जैसे उरावं, मुण्डा, खड़िया, विरहोर, हो, संथाली, पहड़िया आदि अनेक भाषायें छोटानागपुर में बोली जाती हैं। इन आदिवासियों ने भी सदाना की भाषा नागपुरी को अपनाया है किन्तु अपनी भाषा को बनाये रखा है। प्रस्तुत गीत संग्रह में सदान समुदाय में प्रचलित नागपुरी भाषा के ही गीत संगृहीत है।

अनुक्रम

संस्कार गीत

डमकच

झूमर

संस्कार गीत

गणेश वन्दना

शंकर नन्दन आहो शंकर नन्दन
आहो करी लेउ प्रथम पूजा शंकरनन्दन
एकदन्त गजदन्त इन्दुर बाहन
शंकर सुवन आहो पार्वती नन्दन
आहो कइर लेउ प्रथम पूजा शंकर नन्दन
शंकर नन्दन आहो शंकर नन्दन
अग्रे पूजित होबैं पार्वती नन्दन
आहो कइर लेउ प्रथम पूजा शंकर नन्दन।

किसी भी धार्मिक उत्सव के प्रारम्भ में शंकर नन्दन श्री गणेशजी का आह्वान किया जाता है; उनकी वन्दना की जाती है कि विवाह–निर्विघ्न हो। परम्पराओं का आधार लोक समाज में व्याप्त विचार, सामाजिक मूल्य और धार्मिक विश्वास है।

चुमावन गीत

चाइरो चौखण्डा मोरा मानिक
चाइरो श्री राम बौलै जे
अक्षे अमर होबबैं (नाम लेकर)
फूफू चुमावयें जे
चाइरो चौखण्डा मोरा मनिक
चाइरो श्री राम बोलै जे
अक्षे अमर होवबैं (नाम लेकर)
काकी चुमावयें जे
चाइरो चौखण्डा मोरा मानिक
चाइरो श्री राम बोलैं जे
अक्षय अमर होवबै (नाम लेकर)
मांये चुमावयें जे।

जिसका विवाह होता है उसे मण्डप पर बैठाकर चुमावन का नेग किया जाता है। एक थाली में हल्दी से रंगा चावल और दूब घास लेकर बारी–बारी से बुआ, चाची, माँ चुमावन करती हैं। यह उबटन के साथ ही मण्डप में होता है विवाह के पहले का यह एक आवश्यक नेग है। यह आशिर्वाद के रूप में होता है।

उबटन गीत

1

गंगा जमुना दुइयो संग ही, दुइयो संग ही
सेइयो बीच मण्डप एक छारु अवध पतिक अबटन
सोने का जाजम झारी बिछावलैं रे बिछावलैं
तहाँ आजा राउर के विजये कराहु अवध पतिक अबटन
अब इ सुख देखन आउ, अवध पतिक अबटन
सोने का जाजम झारी बिछावलैं रे बिछावलैं
तहाँ आजी राउर के विजये कराहु अवध पतिक अबटन
अब इ यज्ञ देखन आउ, अवध पतिक अबटन
अब इ सुख देखन आउ, अवध पतिक अबटन।

2

सोने कटोरिया उबटन घोरल
रूपे कटोरिया करुआ तेल
जइसे उबटन घोरल
सेहो तेल लगावे गेली
अम्मा सोहागिनी
उपरहिं चँदवा टान
जइसे उबटन घोरल
सेहो तेल लगावे गेली
चाची सोहागिनी
उपरहिं चँदवा टान
जइसे उबटन घोरल।

विवाह गीत

राजा जनक ने सुना कि दशरथ पुत्र राम और लक्ष्मण मुनि विश्वामित्र के साथ पधारे हैं। राजा जनक उनके चरण स्पर्श कर कुशल क्षेम पूछते हैं जो अपार प्रेम से भरे मृदुल शब्दों में हैं।

धनुष यज्ञ का प्रारम्भ होता है जहाँ देश–विदेश के राजा और महापुरुष सम्मिलित हैं। देवताओं ने फूल बरसाये और दुदंभि बजाकर मंगल गान किया।

धनुष यज्ञ में आये सभी बड़े वीर योद्धा धनुष उठाने की चेष्टा में विफल रहे। गुरु विश्वामित्र की आज्ञा पाकर सादर महेश एवं शेष, शिव और शेषनाग की प्रार्थना कर राम हर्षित होकर चलते हैं। राम हाथ में धनुष को उठाते हैं और उठाते ही धनुष के गुण अपने–आप खिंच जाते हैं और धनुष तीन टुकड़े हो जाता है।

भयानक शब्द के साथ धनुष–भंग की आवाज़ आकाश–पाताल तक सुनायी पड़ती है और घोर शब्द से सभी जीव जन्तु व्याकुल हो उठे।

यज्ञ के सम्मिलित सभी वीर योद्धा और राजा लज्जित हो जाते हैं। बरजू कवि अपना नाम देकर सुन्दर गीत रचना का आनन्द लेते हैं।

1

जनक सुनल दशरथ सुत आय, मुनि संग लगाय, बन्धु जुग सोहाय
गहि चरण पद पूछैं कुशलाय, उर प्रेम सोहाय, मृदु बचन सुनाय
रहहिं सकल सुर पूर भरी छाय, रूप देखी ललचाय, दरशन करु जाय
नाथ पिणाक बोलू फूल बरसाय, देव दुन्दुभी बजाय, मंजु मंगल गायें
थकित भयेल बीर धनुका उठाय, नहिं मोही से टराय, रहैं मन सकुचाय
सादर शेष से महेश के मनाय, गुरु आदेश पाय, चलैं राम हरखाय
हँसी के पिनाक कर लीन्ह उठाय, गुण आप खंइचाय, तीनों टुक भये जाय

देश–विदेश गयो खबरी जनाय सबद उठल हहाय ब्राह कुम्भ अकुलाय
औरो कुटिल भूप गयेलैं लजाय बरजू कही समुझाय, ब्राह कुम्भ अकुलाय।

2

शुभ बोलू, शुभ बोलू, शुभ बोलू हो ब्राह्मण
आहो शुभ बोलू झारी ले पनियाँ
अपनी रसोइया से निकलू (नाम) सीतल देइ
आहो खोंइचा भरी पाकल पान
अपनी दुवरिया से निकलू (नाम) बाबू
आहो हाँथे लेले सोवर्न का सोटिया।
खाय लेहु प्रभु जी पाकल पानवा
आहो गभी जइतइ बत्तीसो दाँत
कइसे हन खायब पाकल पान हो
आहो मड़वा ही सजन बहुत
सजन खियायेब काँचा हो भोजनिया हो
रउरो के पाकल पान।

3

सुमरी गणेश जनक जग्यं ठानल
तिरहुति राम नरेश जें
देश हो देश केरा भूप सब आवलैं
धनुष देखी परलैं अन्देश।
विश्वामित्र गुरु साथ ही आयेल
रघुपति राम नरेश जे
झंखी झरोखा सीता सुन्दरी चितवन
नागरी बारी बयेस
सोच करहिं सीता
प्रण तो करलैं पिता

सीता मन में कठिन कलेश जे
कोमल राम धनुष अति भारी
कइसे टूटे पिनाक महेश
किशोरी किशोरी युग चन्द्र विराजित
दामिनी धन परवेश जे
सठ तरुवर हंठ माँगु अभय बर
देहु प्रभु भगति सन्देश
लाख से यज्ञ करी गुरु पद वन्दहीं
धनुष तोरलैं श्रीराम जे
लये जयमाला सीता प्रभु पहिरावैं
बरखत सुमन सुरेश।

4

कहाँ के बर कुन्द कुन्दावल
कहाँ के उजेजे हिंगुरी जहाज रे दूनो दल साजी चले।
अयोध्या के (बर के गाँव) बर कुन्द कुन्दावल
जनकपुर के (कन्या के गाँव) उजे हिंगुरी जहाज रे
दूनो दल साजी चले।
रउरे नहीं जानीला बेटी दुल्हिनी देइ
बाबा कवन समधी बगिया में इंजोर रे
दूनो दल साजी चले।
रउरे नहीं जानीला बेटी दुल्हिनी देइ
बाबा फलना समधी (नाम) बगिया में इंजोर रे
दूनो दल साजी चले।
रउरे नहीं जानीला बेटी दुल्हिनी देइ
बाबा कवन दुल्हा मड़वा में इंजोर रे
दूनो दल साजी चले।
रउरे नहीं जानीला बेटी दुल्हिनी देइ

बाबा फलना (नाम लेकर) दुल्हा मड़वा में इंजोर रे
दूनो दल साजी चले।

5

आजु के दिन अच्छा हे माई
आज रघुवर आये
जे मोयं जानतेवं कि रघुबर आइहें
फूल चम्पा खिलैंती हे माई
आज रघुबर आये
जे मोयं जानतेवं कि रघुबर आइहें
अच्छा अच्छा पुआ पकाइती हे माई
आज रघुबर आये
जे मोयं जानतेवं कि रघुवर आइहें
सेज तुरइया बिछैती हे माई
आज रघुबर आये
आजु के दिन अच्छा हे माई
आज रघुबर आये।

6

बारहो बरिस केरा बेटा दुल्हा बाबू
गेलैं बेटा कस्तूरी बनीज तो आँबवा मंजरी गेल।
एक कोसा गेलैं बेटा दुइ कोसा गेलैं
तीन कोसे लागल तरास तो आँबवा मंजरी गेल।
दूध दे ग्वालिन बेटी दूध दे ग्वालिन
तोरे दूधे नठबुँ तरास तो आँबवा मंजरी गेल।
कइसे के दूध देबइ कइसे के दूध देब।
माँय राउर के बाँधा धरी राखू तो आँबवा मंजरी गेल।
दूध के दाम ग्वालिन दमड़ी हो दोकड़ा

माँय मोरा धरती देखाबै तो आँबवा मंजरी गेल।
पान दे तमोलिन बेटी पान दे तमोलिन
कइसे के पान देब कइसे के पान देब
काकी राउर के बाँधा धरी राखू तो आँबवा मंजरी गेल।
पान के दाम तमोलिन दमड़ी हो दोकड़ा
काकी मोरा धरती देखाबैं तो आँबवा मंजरी गेल।
फूल दे मालिन बेटी फूल दे मालिन
कइसे के फूल देव कइसे के फूल देब
भउजी राउर के बाँधा राखी देहु तो आँबवा मंजरी गेल।
फूल के दाम मालिन दमड़ी हो दोकड़ा
भउजी मोरा धरती देखाबैं तो आँबवा मंजरी गेल।

7

जनकपुर में श्रीराम की आरती उतारी जा रही है।

राम जे चललैं बियाहे ते झीनी झीन कपड़ा
आहो कवन बर के आरती उतारु
कवन हेकैं रघुबर जे।
एक जे ओढ़ले पिताम्बर काने कुण्डल शोभे जे
आहो ओहो बर के आरती उतारु
ओहे हेकैं रघुबर जे
जब मैं जानतों गे माइ कि राम अइहें ब्याहन जे
अगे माय बुँद केरा लडुवा बनावती सासु परिछन जायती जे
भेल बियाह सिर सेन्दुर पपीहा एक बोलल जे
आहो खोलू सासू बजर केवाँर तो राम जइहें गोहबर जे।

8

झिनी झिनी कपड़ा पहिरी राजा दशरथ
लीली हो घोड़ा असवार
हाँथ कये लेल राजा सोवर्न का सोटिया

चइल भेलैं रिखी दुवार।
अँगना बढ़ावइले छलको गे चेरिया
सुन चेरिया बचन हमार
जाय कये चेरिया जे खबरी जानावल
दशरथ दुवारहीं ठाढ़।
जाइ के चेरिया जे खबरी जनावल
सुनु रिखी बचन हमार
गरुड़ देश के गरुड़ राजा दशरथ
सेइयो हैं दुवारहीं ठाढ़।
एक हाथे लेल रिखी झारी तमरुवा
दोसर हाथे सिंघासन पाट
पाटे बइठू पानी पीऊ राजा हो दशरथ
कने हैं बिजय राउर
पारे करु पीढ़ा रिखी, पारे करु पानी
पारे करु सिंघासन पाट
राउरे घरे हैं रिखी बारी सीतल देइ
मोरे घरे राम हैं कुँवार।
आवे देहु दिन राजा आवे देहु सुदिन
आवे देहु जेठ बइशाख
विप्र बोलाइ कये लगन सौचायब
सीता ही राम बिहावब।

9

लाली दोलइचा चढ़ी बइठलैं कोसीला रानी,
देखबूँ मोयं गउरी वियाह,
ए रामा कन्यादान से राम चुमायक।
गाइ के गोबरहीं अँगना लीपावल, गजमती चउँखा पुरायें
ए रामा कन्यादान से राम चुमायक।
सेइ चउखे बइठलैं दशरथ राजा के पुतवा,

मोतियहिं अंजुली भराय
ए रामा कन्यादान से राम चुमायक।
लानी बइठावैं जनक राजा के धियवा, सेन्दुरहिं माँग भराय
ए रामा कन्यादान से राम चुमायक।
जेइरे चुमावैं दशरथ राजा के पुतवा, सेकर बाढ़े जेठ भाइ
ए रामा कन्यादान से राम चुमायक।
जेइरे चुमावैं जनइया रिखीक धियवा सेकर बाढ़े अहियात
ए रामा कन्यादान से राम चुमायक।
देखबूँ मोय गउरी बियाह ए रामा कन्यादान से राम चुमायक।

10

राम जी के आसन रिखी के दुवार
गाइ का गोबरहीं अँगना लिपाय
गजमोती आहो राम चउँखा पुराय
राम जी के आसन रिखी के दुवार
कय सयें हाँथी सजल कये सयें घोड़
कय भइया राम आवैं तिलक लिलार
राम जी के आसन रिखी के दुवार
दस सये हाँथी सजल बीस सये घोड़
चारो भइया राम आवैं तिलक लिलार
राम जी के आसन रिखी के दुवार
मचियहीं बइठ राम कचरयें पान
जँघिये ओठइंग सीता नैना ढरे लोर
राम जी के आसन रिखी के दुवार
किया सीता मन परे माय की बाप
किया सीता मन परे सहोदर भाइ
राम जी के आसन रिखी के दुवार
नहीं मोके मन परे माय की बाप

नहीं मोके मन परे सहोदर भाइ
राम जी के आसन रिखी के दुवार

11

चन्दन बिरिछ तरे उतरैं दुलारु राम
खण्डवा के देलैं ओठंगाइ जे
उपरे से बोले कोइली गह गह
कने बाबू विजये राउर
जाइते कोइलो सारी पहिरायब
फिरइते लहर पटोरा जे
इसन सगुन कोइलो हमरो के दिहब
पोहंचइते होवत बिआह।
सारा चुमावलैं सरहज धोतिया
ससुर चुमालैं धेनु गाइ जे
सासु चुमावलैं आपन धियावा
लेहु बाबा डण्डिया चढ़ाउ।

बारात चलने के समय का गीत

1

चढ़ल जहाज परे लखन राम, जइसे इन्द्र के बिमान
देखु जनक सुजान।
हाँथी साजू, घोड़ा साजू साजू, शुभ साइन्त
दशरथ सुत मुख चन्द्र के समान जइसे इन्द्र के बिमान
देखु जनक सुजान।
कोटि के नगेड़ा बाजे कोटि के निशान
गरजि उठत आवे नभ के समान
जइसे इन्द्र के बिमान देखु जनक सुजान।
लागलैं दुवार रघुकुल बलवान
गावहिं नारी सब कोकिला समान
जइसे इन्द्र के विमान देखु जनक सुजान।
नृप भरत जी के सुनी लेउ बचन
पुजिहें गणेश रानी करि परिछन
जइसे इन्द्र के बिमान देखु जनक सुजान।

2

तरिंगन उगल बागा–बगी बादरी छावल
तइसने उगलैं (नाम लेकर) माथहिं झिमकये मेघ
कय सये साजलैं साजन महाजन
कय सये साजलैं दुल्हा बाबू माथहिं झिमकये मेघ
दस सये साजलैं साजन महाजन

बीस सये साजलैं दुल्हा बाबू माथहिं झिमकये मेघ
कहाँ उतारब साजन महाजन
कहाँ उतारब दुल्हा बाबू माथहिं झिमकये मेघ
झमड़े उतारबइ साजन महाजन
मड़वें उतारबइ दुल्हा बाबू माथहिं झिमकये मेघ
का दये बोधबइ साजन महाजन
का दये बोधबइ दुल्हा बाबू माथहिं झिमकये मेघ
धन दये बोधबइ साजन महाजन
धिया दये बोधबइ दुल्हा बाबू माथहिं झिमकये मेघ।

लड़की की शादी में

समधी जोड़ने के समय

केकर अँगने रे कि बइली गछवा
कि झबरलैं डरिया के झबरलैं डरिया
सेइयो तरे समधी (नाम) डासत्नैं दोलइचवा
सेइयो चढ़ि बइठलैं दुइयो रे समधिया,
दुइयो रे समधिया कि दुइयो हाँसा जोड़वा।
दुइयो रे समधिया कि खेलैं जुआ सरिया
कोने रइया हारैं कि कोने रइया जीतैं
कवने दुलरुवा कि जीत दुली माँगैं
समधी साहेब जीतैं कि जनक राजा (नाम) हारैं
दुल्हा दुलरुवा कि जीत दुली माँगैं
ढुरु ढुरु कान्दैं कि बेटी (नाम) दुल्हिनी देइ
चारी सजन में कि बाबा हारी देलैं कि काका हारी देलैं।
चारी सजन बीचे कि दादा हारी देलैं कि आजा हारी देलैं।
खुदु खुदु हाँसैं कि दुल्हा दुलरुवा
चारी सजन में कि आजा जिती आलैं
कि बाबा जिती आलैं।

जुआ खेलने का दृश्य 'शतरंज के खिलाड़ी' नामक फ़िल्म जो प्रेमचन्द जी की कहानी पर आधारित है में दिखाया गया है, इस दृश्य के पीछे बहुत मार्मिक तथ्य छिपा है। प्रेमचन्द ने उत्तर प्रदेश के गाँवों में जुआ खेलने के दृश्य को दर्शाया है, जो पुराने ज़माने में काफ़ी

प्रचलित था और अब भी बहुत जगह खेला जाता है। यह एक कुप्रथा है। उपरोक्त गीत में खेल–खेल में लड़की को हारने की कथा कही गयी है। यह महाभारत की कथा को भी दर्शाता है, जिसमें पाण्डवों ने जुआ खेलते समय द्रौपदी को हारा था।

दो समधी बइली पेड़ के नीचे बैठकर जुआ खेलते हैं। पुराने ज़माने में झारखण्ड में भी यह आम दृश्य रहा होगा। जो हार जाता है, वह अपनी लड़की दूसरे के हवाले कर देता है अर्थात् उसके लड़के से विवाह कर देता है। यह सच हो न हो, किन्तु इस प्रथा के ऊपर अवश्य ही यह व्यंग्य है। लड़की ब्याह कर किसी को दे देना यह हारने की ही तो बात हुई। यह गीत बड़ा ही मार्मिक है।

विवाह गीत

1

कहाँ केरा हरिल रे सुगवा
कवहीं लेलैं उपदेश जे
केकर चौपरिया चइढ़ बइठलैं सुगवा
सुगवा बोलये अनमोल।
अवधपुर केरा हरिल रे सुगवा
जनकपुर में लेलैं उपदेश जे
जनक राजा के चौपरिया
चइढ़ बइठलैं सुगवा
सुगवा बोलये अनमोल
घर से बाहर भेलैं भइया (लड़की के भाई का नाम)
बांवों दहिने खण्डा चमकावैं जे
एहि खण्डे मारब हरिल रे सुगवा
माँगये बहिनी हमार
घर से बाहर भेलैं बहिन (नाम)
सुनू भइया बचन हमार जे
मति मारु भइया हरिल रे सुगवा
सुगा घरे मोरे अहियात।

2

कहाँ केरा सोने मूठी छुरिया, रूपे मूठी छुरिया
हिंगुरे ढारल आवैं जे
मायंगे कहाँ केर रानी बेटिया
छुरियहिं रइन जीतैं छुरियहिं जग मोहैं जे
अवधपुर केरा सोने मूठी छुरिया रूपे मूठी छुरिया
मायंगे जनकपुर केर रानी बेटिया
छुरियहिं रइन जीतैं छुरियहिं जग मोहैं जे
अवधपुर से उठल बारात जनकपुर पहुँचल
मायंगे बाजे लागल डम्फल निसान ससुर गढ़ काँपे लागल जे
घर से बाहर बोलैं बेटा दुलरुवा
मायंगे कोने तपे धिया जनमावले गढ़ हामर लुइट लेलैं
गढ़ हामर छिन लैलैं जे।
रसोइया से निकललैं बेटी दुलरी बेटी
मायंगे भली–भाँति रसोइया सेरावल
गढ़ राउर राइख लेहु घर राउर राइख लेहु जे।

3

अरे अरे भइया अरे भइया (नाम लेकर) भइया
सुनहु बचन मोरा ना
अरे भइया आवत बाड़ू बड़ बहनोइया तो
कुरुक्षेत्र लड़इया लिहे रे ना
अरे अरे भइया अरे अरे भइया (नाम लेकर) भइया
सुनहु बचन मोरा ना
दिन सगर भइया खेलले
साँझी बेरिया हाइर दिहले ना

अरे भइया हाइर दिहले बहिनी (नाम लेकर) बहिनी
जीत लिहें फलना (नाम वर का) दुल्हा ना
अरे अरे भइया (नाम लेकर) भइया ना
अरे भइया गाइ रे भंइसी जनु हारते
बहिनी काहेले हाइर दिहले ना
अरे अरे बहिनी (दुल्हिनी) बहिनी
सुनहु बचन मोरा ना
अरे बहिनी गाइ रे भंइसी लोग लछमिनी
तुहुँ बड़ परइया घरे रे ना।

4

दुवार लगने का गीत (द्वार पूजा के समय)

वर जब दरवाजे पर आता है तब महिलाएँ परिछन करती हैं। आरती का थाली सजाकर, पान के पत्ते से दुल्हे का गाल सेंकती हैं। इस अवसर पर गाये जाते हैं दुल्हे के स्वागत में।

आयेलैं सीता बर लागलैं दुवरिया
परीछेके निकलैं जनकपुर के रनियाँ
देखली रघुबर के आनन्दे हिया हरखे
लाल पियर लील हरियर सड़िया
एक से एक देखु रूप भामिनियाँ
देखली रघुबर के आनन्दे हिया हरखे
केहु जे दिहलैं अँगूठी मुँदरिया
केहु जे दिहलैं हार मतिमलर
देखली रघुबर के आनन्दे हिया हरखे
सखिन सब दिहलैं अँगूठी मुँदरिया
सासू जे दिहलैं हार मतिमलर
देखली रघुबर के आनन्दे हिया हरखे।

5

कन्यादान के समय का गीत

एक आँबा हरियर दोसर आँबा पियर
तीसर आँबा सेन्दुर का बूँद
से आँबा बीछे गेलैं बारी सीतल दइ
लाइग गेलइ रामचन्द्रक दीठ
खेली खुन्दिये बेटी घर चली आवल
बइठलैं बाबा केरा गोद
बावें हाथे बेटी दहिन लोर पोछैं
काहे बाबा होवली बिकल
जेकर घरे बेटी पानी नहीं पियब
सेकर घरे तोहरो के देब
एक पथ राखैं इन्द्र हो चन्द्र
दुसर पथ राखैं भगवान।

6

भाँवर गीत (सप्तपदी के समय)

कहवाँ से जोगी आइ गइले, कहवाँ बसेरा लीहले
केकर चौपरिया चढ़ी जोगी बइठले,
माँगले दुलारी धियावा, माँगले सुन्दरी धियावा
(नाम) अवधपुर से जोगी अइले, बगीचा बसेरा लीहले
(नाम) बाबा के चौपरिया चढ़ी जोगी बइठले,
माँगले सुन्दरी धियावा, माँगले दुलारी धियावा।
पहीले चढ़ावें जोगी संखा चूड़ी, तबले दखिन चिरवा
तबले चढ़ावें जोगी सिर सेन्दुर, तबले सिर सेन्दुर
अब धियावा पराये भइली, अब धियावा पराये भइली
बाबा जे रोवले सभा बइठी, अम्मा मन्दिर बइठी
भइया जे रोवले डोलिया धरी अब बहिन पराये भइली

चाचा जे रोवले सभा बइठी चाची मन्दिर बइठी
भइया जे रोवले डोलिया धरी अब बहिन पराये भइली।

7

भाँवर गीत (सप्तपदी के समय)

त्रिपीत जनक कुल तरणी सिया राम निरखैं।
हरि हरि श्री रघुनन्दन, मुनी उर लावहीं
मुदित सुमन सुर बरखैं सिया राम निरखैं।
अग्रे वैदेही पीछे रघुनन्दन, श्याम सुन्दर श्री कमल चरण
गज गति, ढारैं पुगु ढरकहिं सिया राम निरखैं।
हरि हरि श्री रघुनन्दन मुनी उर लावहीं
रति पति सकुचित परिखहीं सिया राम निरखैं।
दमके दामिनी संगे कामिनी शोभा वरनी न जाही
ब्याहक शबद धन घिड़कैं सिया राम निरखैं।
हरि हरि श्री रघुनन्दन सिन्ध गुण गावहिं
पंडुरी परे महि पगु ढरकैं सिया राम निरखैं।

यह बहुत ही मार्मिक गीत है।

जनकपुर के लोग सीता–राम की जोड़ी जो सप्तपदी के समय अग्नि की परिक्रमा कर रहे होते हैं; देखकर, पूर्ण रूप से तृप्त हैं। मुनि बार–बार राम को हृदय से लगा रह हैं मुदित होकर आकाश से देवता पुष्प वृष्टि कर रहे हैं। आगे में वैदेही है और पीछे रघुनन्दन रामचन्द्र परिक्रमा कर रहे हैं जैसे दामिनी दमक रही हो, वैसे इनकी शोभा वर्णन नहीं की जा सकती। विवाह के बाजों के स्वर से सारी पृथ्वी गुंजायमान हो रही है। सीता–राम परिक्रमा कर रहे हैं, जनकपुर के लोग यह दृश्य देख कर बहुत ही आनन्दित हैं।

8

परिछन

कइसन करे पुरनी केरा पतइया
कइसन करे दुल्हा बाबू कर जोतिया

अँचरे गज मतिया सुरुजे धावल जोतिया
लुहु–लुहु करे पुरनी केरा पतइया
गह–गह करे दुल्हा बाबू कर जोतिया
अँचरे गज मतिया सुरुजे धावल जोतिया
लीली लीली घोड़िया दुल्हा बाबू असवरिया
कहाँ दौड़ाबइ सासु एहो लीली घोड़िया
अँचरे गज मतिया सुरुजे धावल जातिया
डण्डहिं आहे पुता सोने मुठी छुरिया
काटहु खिरकिया दौड़ाहु लीली घोड़िया
अँचरे गज मतिया सुरुजे धावल जोतिया।

परिछन के पश्चात वर को मण्डप लाकर विवाह के पारम्परिक संस्कार किये जाते हैं। विवाह संस्कार पूरे होने के पश्चात सिन्दुरावदन का समय आता है। वर वधु के मांग में सिन्दुर भरता है। उस समय गाये जाने वाले गीत इस प्रकार हैं :

9

कहाँ केरा सिन्दुरिया रे सिन्दुरिया
सेन्दुर महंग बेचैं,
कांहा केर नावा कामिनी
सेन्दुर ससत मांगैं।
(जगह का नाम सेन्दुरिया रे, रे सेन्दुरिया सेन्दुर मंहग बेचैं लेकर)
(फलाने गाँव की) नावा कामिनी सेन्दुर ससत मांगैं
मचियहिं बइठलैं आजी बड़इकिनी
करू पुता सेन्दुर का मोल, सेन्दुर महंग बेचैं
सेर जोखि सोनवा, पसेरी जोखि रुपा देबुँ
पइला नापी दिहबुं सेन्दुरिया
सेन्दुर अनमोल, सेन्दुर अनमोल।

विवाह संस्कार पूरे होने के पश्चात् वर और कन्या को गोहबर ले जाया जाता है वहाँ कौड़ी खेलने, खीर खाने आदि का रस्मकार्य सम्पन्न होता है। इस बीच हँसी–मजाक का माहौल भी गानों के द्वारा सम्पन्न होता है।

गोहबर का कमरा चित्रकारी से सजाया जाता है तथा ज्योंहि वर–कन्या गोहबर की ओर प्रस्थान करते है दरवाजे पर साली तथा सरहजें द्वार छेकती है उन्हें घुसने नहीं देना चाहती हैं जब तक उन्हें नेग के रूप में उपहार न मिल जाय। इस प्रसंग में गाने भी बहुत मनोहारी समा उपस्थित कर देते हैं एक गीत इस प्रंसग का है–

10

ना जानी छोट बर, ना जानी बड़ बर
साठी रुपइया दस मोहर
तब दूरा छोइड़ देब जे।

यह ठिठोली युद्ध गीत माहौल को और सुन्दर बना देता है। गोहबर के अन्दर जब नेग मिलने पर वर–कन्या जाते हैं जब भी हंसी–मजाक वाले गीत गाये जाते हैं–

11

गोहबरे बइठलैं (नाम लेकर) दुल्हा
कहु आजी के नाम गोहबरे
कहु आजा के नाम गोहबरे
गोहबरे बइठलैं फलना दुल्हा
कहु बाबा के नाम गोहबरे
कहु माम्मा के नाम गोहबरे
बाबा जो हमरो हैं इश्वर
मम्मा गौरी हमार गोहबरे
गोहबरे बइठलैं फलना दुल्हा
कहु भइया के नाम गोहबरे
कहु भउजी के नाम गोहबरे
भइया जे हमरो हैं इश्वर

भउजी बीछल छिनाइर गोहबरे
भउजी छाटल छिनाइर गोहबरे

(इस प्रकार मामी आदि तथा मजाक के पात्रों को गाने में समाया गया है।)

12

गोहबर का गीत एक बड़ा ही मार्मिक है जो ऐसा है–

के मोरा छारलैं एहो बाँस घर हो
के मोरा पन्डुरलैं दीठ तो
ए हो रे नावाँ गोहबर
बाबा मोरा छारलैं एहो बाँस घर हो
मायँ मोरा पण्डुरलैं दीठ तो
एहो रे मावाँ गोहबर
बाबा मोरा छारलैं एहो बाँस घर हो
मायँ मोरा पण्डुरालैं दीठ तो
आरा फारा छारलैं झालइर माड़ा हो
बीचे ठने डन्टल हो पान तो
एहो रे नावाँ गोहबर
सेहो पान खायलैं बेटी दुल्हिन दई
गबी गेलैं बत्तीसो दाँत तो
एहो रे नावाँ गोहबर
हाँसी–हाँसी पूछलैं बेटी दुल्हिनी देई
देखु प्रभू दाँत केरा जोति तो
एहो रे नावाँ गोहबर
कइसे के देखब धनी दाँत केरा जोति हो
गोहबरे आजी बड़इकिन तो
एहो रे नावाँ गोहबर
एहे गोहबरे मायें बड़इकिन तो
एहो रे नावाँ गोहबर।

डमकच

डमकच नृत्य

डमकच नृत्यगीत विवाह के समय गाकर महिलाएँ नृत्य करती हैं

यह विवाह से पूर्व कई दिनों से चलता है

1

बन्दना मण्डप प्रारम्भ
श्री गणपति गज वन्दन उदार हो
चरण पंकज रज बन्दौं बार–बार करुणा करु
हरु उर अन्धकार करुणा करु
कण्ठ अग्रे गिरा सान आगार हो
जिभ अग्रे वासुदेव चार करुणा करु हरु अन्धकार।
उमा रमा हरि हर सुर मुनि झार हो
गावों पावन गुण परम सुखार करुणा करु हरु उर अन्धकार।
घाँसी के देहू बल बुद्धि बिस्तार हो
करहु पूरन मनकामना हमार करुणा करु हरु उर अन्धकार।
हम निपट गँवार करुणा करु हरु उर अन्धकार।

2

पावन प्रसिद्ध जग विमल बिस्तार हो
तिरहुत देश गुण जूथ सब काल जनकपुरे
मिथिलेश महिपाल जनकपुरे।
सीता सुन्दरी सुता सुशील सुबाल हो
तेहि लागी सुअम्बर ठानलैं भुपाल जनकपुरे
मिथिलेश महिपाल जनकपुरे।

देश देशान्तर कर सूर बीर आल हो।
साजी समाज आलैं करी करी गाल जनकपुरे।
मिथिलेश महिपाल जनकपुरे।
आनन्द उदधि उमड़त अति व्याल हो
से गुण गाय घाँसी भयेल नेहाल जनकपुरे।
मिथिलेश महिपाल जनकपुरे।
तिरहुत देश गुण जूथ सब काल जनकपुरे
मिथिलेश महिपाल जनकपुरे।

3

जोड़ा

धनुष तोरलैं जब श्री भगवान हो
श्री राम रघुमणि बीर बलवान जनकपुरे, हेरी हिया हुलसान जनकपुरे।
जय ध्वनि करे द्विज अगर सुजान हो
फूल के बरषा होत हनत निसान जनकपुरे हेरी हिया हुलसान जनकपुरे।
मेली सिया जय माला प्रेम पुलकान हो
बाम भागे भेलैं ठाढ़ मने सकुचान जनकपुरे हेरी हिया हुलसान जनकपुरे।
इनके कहत पाँच पावनी बखान हो, मंगल जानी घाँसी करे गुणगान
जनकपुरे हेरी हिया हुलसान, जनकपुरे।

4

नउवा हो ब्राह्मण करत संचारी
मुनि महेश गोपी करत बिचारी
कि लोगचारी सीता हरि के बियाही कि लोगचारी।
बाजा जे बाजे कुहके अधिकारी
मुनि महेश गोपी करत बिचारी कि लोगचारी
सीता हरि के बियाही कि लोगचारी।
लावा खेलइते चरित्र झमकाय हो

माँग का सिर सेन्दुर माँगे हहकारी कि लोगचारी
सीता हरि के बियाही कि लोगचारी।

5

घर घर आनन्द उदधि उमड़ात हो
नारी तरंग–शिशु झख उमंगात बाजन बाजे
नट नाचत जात, बाजन बाजे।
आरती साजे मंगल हेम प्रात हो
कनक कलशा झलमल झलकात बाजन बाजे
नट नाचत जात, बाजन बाजे।
बाग तड़ाग बिधि मानस सोभान हो
जानकी शरण घाँसी हृदये मनात बाजन बाजे
नट नाचत जात, बाजन बाजे।

6

(सीता–राम के विवाह में धनुष–प्रसंग को लेकर)
अवधपुरे राम जनम लेलैं हो
जनकपुरे सीता जनम।
जनकपुरे धनुका गाड़ावलैं हो
देशे देशे परल हंकार।
पूरबे पछिमे भूप आवलैं हो
धनुका छुई रहलैं लजाय।
राम लछुमन दुइयो आय गेलैं हो
धनुक छुते देलैं घहराय।

7

सीता के जन्म का प्रसंग
अजब अजब जनकपुरे भेल रे जनकपूरे भेल
सुनब उधो बारह बरीस जल भेल

सुखार मुनी सहित जमा भेल रे सहित जमा भेल
सुनब उधो पण्डित गुरु जमा भेल
सगुन बिचारी पण्डित कहि देल रे पोशिया कहि देल
सुनब उधो आपे रिखी गहि हैं हर
सोने के फार में जे तिरहुति बैल उजे तिरहुति बैल
सुनब उधो राजा जनक जोतैं हर
जनक नृपति जब जोतलैं हर सुनब उधो
सीता जी जनम तब भेल सुनब उधो
शिशिर शीत बरिसे बड़ा ज़ोर से बरिसे बड़ा ज़ोर
सुनब उधो सेइ खने सीता नाम भेल
देखी जनक चकित मन भेलैं रे मोहित मन भेल
सुनब उधो अजब सुन्दर मणि मेल
गोद उठाई जनक तब लेल रे जनक तब लेल
सुनब उधो आनन्दे भवन चली गेल।

8

राजा जनक सीता के विवाह का प्रण करते हैं।

एक समये सदा शिव सुजान हो
जनक नृपति कहे दियेउ कमान पूजन करी
विधु वंस ललना पूजन करी
एक बासरे सीता गये धनु थान हो
कर से उठाय चौका दिये हर्षान पूजन करी
विधु वंस ललना पूजन करी
महिपति पुलकान पूजन करी
नरपति गति हेरी बिहंसान हो
ठाने (प्रण) परषा मन करी अनुमान पूजन करी
विधु वंस ललना पूजन करी
महिपति पुलकान पूजन करी
यह धनुष जे तोरिहें बलवान हो

तेहि बरिहें सीता करे गुणगान पूजन करी
घाँसी करे गुणगान पूजन करी
महिपति पुलकान पूजन करी
विधु वंस ललना पूजन करी।

9

कृष्णलीला पर आधारित

मोहि तेजी देलैं हरी कल न परत धरी
कुबली कुटिल करलैं दगादारी श्री बंसरी धारी
काले निपटे बिसारी श्री बंसरीधारी
इसन हैं बनवारी तनिको ना छल करैं
प्रभु के बाँइध लेलैं प्रेम का डोरी बंसरीधारी
काले निपटे बिसारी श्री बंसरीधारी
उर दहत धरी नैना में बहे बारी
कहाँ तेजी गेलैं प्रभु मुकुन्द मुरारी बंसरीधारी
दिजे घाँसी कर जोरी उधो के अरज करी
देहु मनाय मोर प्रभु बनवारी श्री बंसरीधारी
काले निपटे बिसारी श्री बंसरीधारी।

10

जोड़ा

कृष्णलीला का वर्णन

अवन अवन कही कही मास बितावल
बीती गेले कबूल करार हो नहीं आलैं
हाय रे देवकी दुलार हो नहीं आलैं।
बिरह के बान से ब्याकुल मतिया
छतिया में हनत कटार हो नहीं आलैं
हाय रे देवकी दुलार हो नहीं आलैं।

अकबक लागे निशि जागी बितावल
भाभी गुनी भेल भिनसार हो नहीं आलैं
हाय रे देवकी दुलार हो नहीं आलैं।
कृष्ण के देखल बिन तरसत अँखियाँ
नहीं मिले कृष्ण के बनार हो नहीं आलैं
हाय रे देवकी दुलार हो नहीं आलैं।

11

कृष्णलीला

कवन कसूर करली जदुराय, रे करली जदुराय
सुनब उधो माधव देलैं बिसराय।
कुबली कठिन जोग दिहल लगाय, माला दिहल लगाय
सुनब उधो पिया के राखल अरुझाय।
निसि दिन गुनी–गुनी नयना झँझाय, माला नयना झँझाय
सुनब उधो अब चिते धिजा ना धराय।
घाँसी के एतने अरज राखु जाय जे अरज राखु जाय
सुनब उधो अबकी आनहु मनाय सुनब उधो
सुनब उधो माधव देलैं बिसुराय।

12

जोड़ा

कृष्णलीला

रजनी दिवस हेरी नयना टटाय माला नयना टटाय
सुनब उधो आस देखी देखी अनसाय।
दिने भोजन निशि नींद नहीं आय माला नींद नहीं आय
सुनब उधो एक सरे रहलो न जाय।
उधकी उधकी प्राण उठे अकुलाय भाला उठे अकुलाय
सुनब उधो काहे माधब नहीं आय।
घाँसी अधम नीत शरण मनाय भाला शरण मनाय
सुनब उधो ब्रजपति ब्रज बिसराय।

13

कृष्णलीला

1. आजू सुनली सखी आजू सुनली सखी
   कालिन्दी के ओर जल जमुना के तीर
   नट नागर आबैं कुंजे करहु खातीर
   रउरे रहु असथीर नटनागर आबैं कुंजे
2. पहिरहु चोली बाँदा, अभरन चीर
   चुवा चन्दन अबीर माखु आपन सरीर
   नट नागर आबैं कुंजे रहु देखते अजीर
   नट नागर आबैं कुंजे करहु खातीर
   श्रीहरि जपू घाँसी धरु मन धीर
   काले करत अजीर नट नागर आबैं कुंजे
3. पलँग बिछाय बारु दीपक मंजिर
   रहु देखते अजिर नट नागर आबैं कुंजे।

14

जनकपुर में राम का विवाह

जइग जनकपुरे सबद सुनाय उजे सबद सुनाय
जगतारण बियाहे जनकपुरे जाय।
भेरी, शहनाई, सींघ, दुन्दुभी बजाय उजे दुन्दुभी बजाय
जूथ जूथ सखीन सबे मंगल गायें।
झुण्ड के झुण्ड गोपिनी बिहराय हो सखिनी बिहंराय
रंग राधा अजब सुन्दर बर पायें।
गहना साजित्री कोइ सारी झमकायें माला सारी झमकायें
रंग राधा डोरिया पाचन लहरायें
चुटी चंउरी कोइ माला झबरायें झाला माला झबरायें
सीरे बेंदी, नयना काजर छवि छाय
हस्तिनी, चित्रिनी संखिनी कहायें रंग राधा
चारी बरन त्रिया होयें रंग राधा

भले तो गणेश राम डोमकच बनाय भाला डोमकच बनाय
रंग राधा अजब सुन्दर बर पाय।

15

श्रीराम के विवाह के उपलक्ष में

धनुष तोरलैं जब श्रीराम भगवान हो
श्रीराम रघुमणि बीर बलवान जनकपुरे
हेरी हिया हुलसान जनकपुरे
जयध्वनि करे द्विज अमर सुजान हो
फूल के बरसा होत हनत निसान जनकपुरे
मेली सिया जयमाला प्रेम पुलकान हो
बाम भागे भेलैं ठाढ़ मने सकुचान जनकपुरे
हेरी हिया हुलसान जनकपुरे
इनके कत पाँच पवनी बखान हो
मंगल जानी घाँसी करे गुनगान जनकपुरे
हेरी हिया हुलसान जनकपुरे।

16

राजा दशरथ बारात चलैंना रे बारात चलैंना
गोइ कैकेयी, कौशल्या खेलत अँगना।
एक कोस गेल बर, दुइ कोस गेल
गोइ तीनी कोसे बाजना से कुहुर उठना।
जब बर जाइ जनक पहुँचे,
गोइ नगर का लोग परिछं लेगैंगा।
भेल बियाह बर गोहबर गेल।
गोइ सरहजिन छेकलैं दुआर अपना
देबुँ गे सरहजिन लाल चुनरी रे पियर चुनरी
गोइ तनिक बदे जाय देहु कोहबर अपना।

17

कोन बने रामचन्द्र कोन बने लछुमन
कोन बने रे भरत दुनो भाइ।
रने बने रामचन्द्र बीच बने लछुमन
बृन्दा बने रे भरत दुनो भाइ।
का खाबैं रामचन्द्र का खाबैं लछुमन
का खाबैं रे भरत दुनो भाइ।
फल खाबैं रामचन्द्र दूध पीबैं लछुमन
खोवा खाबैं रे भरत दुनो भाई।

उपरोक्त डमकच गीत में राम के बनवास और वन की कठिनाइयों का वर्णन किया गया है।

18

मुँद्रिका लइये कपी उर में लावली हाय रे
धधकी बहत नीर कवन अटकाय देखल बिनु
कहाँ होबैं रघुराइ देखल बिनु।
मास दिवस कपी प्रभु नहीं आय हो।
इसन बिकल कपी सहलो ना जाय देखल बिनु
कहाँ होबैं धनुधारी देखल बिनु।
मोहि सुधि कइसे पाइ, कइसे अशोक जाइ
इसन विपद कपी सहलो न जाय देखल बिनु
कहाँ होबैं रघुराइ देखल बिनु।
मणि बिनु फणि जइसे, तइसने मोयं प्रभु बिन
तोय कपी मोहिं जियत नहीं पाइ देखल बिनु
कहाँ होबैं धनुधारी देखल बिनु।

उपरोक्त गीत में अशोक वाटिका में हनुमान जी से सीताजी अपने दुख का वर्णन कर रही हैं।

19

कृष्णलीला : इन पंक्तियों में गोपियों के साथ कृष्ण की नोंक–झोंक का सजीव चित्रण है।

काले करली मोके झीकाझोइर भाला
ओहे जमुना के घटिया
हाय रे नन्दलाला मसके मोर चोलिया
हरवा बिगाइर देली तोरी मोती माला
मुरके मोर बहियाँ छोड़ूँ नन्दलाला मुरके मोर बहियाँ
बिनती करत घाँसी करु मति जाला
ओहे जमुना के घटिया छोड़ूँ नन्दलाला मसके मोर चोलिया
फोइर देली घइला गोइ देखैं ब्रज बाला
ओहे जमुना के घटिया छोड़ूँ नरगकाला मुरके मोर बहियाँ
हाय रे नन्दलाला मसके मोर चोलिया।

20

नींद न परत मोहि कर फेरत रही
चाइरो पहर राइत बइठ के गाँवाली
बहुरी नारी राउर सबदो न पाली
बहुरी नारी राउर दरसो न पाली बहुरी नारी।

21

बरजू जसोमती हरि के बोलाय हो
इसन बालक जाइन बड़ी इतराय मानत नहीं
करब कवन उपाय मानत नहीं
दीसे एको न उपाय मानत नहीं
खोली के केवाड़ भीतर चली जाय हो
माखन गोरस दधि सरबस खाय
मानत नहीं करब कवन उपाय मानत नहीं।

इसन निठुर चोर तनिको ना करे सोर
उर केरा हाल देखु नहीं पतियाय मानत नहीं
करब कवन उपाय मानत नहीं
दीसे एको न उपाय मानत नहीं।

22

यह एक पारम्परिक रचना है जो बहुत लोकप्रिय रही है।

आँबा मंजरे मधु मातलैं हो
तइसने पिया मातल जायें रे तइसने पिया...।
आपने ना आवैं पिया लिख ना भेजैं हों
समुझी नैना ढरकत लोर रे समुझी नैना...।
नाग–नागिनी केंचुल छोड़लैं हों
तइसने पिया छोड़ल जायें रे तइसने...।
छव महिना पन बितलैं हो
सेकर जीव कइसे धाराय रे सेकर जीव...।
गंगा जमुना नदी भरलैं रे
तइसने पिया भरल जायें...।

23

केकर लेगिन आइयो गे झालइर मड़वा
केकर लेगिन आइयो रोदना लगाय
बेटा लेगिन आइयो झालइर मड़वा
बेटी लेगिन आइयो रोदना लगाय
बेटा जन्म लेती आइयो
देव पितर एके होती बेटी जनम आइयो
पर के सवासिन।
जांघ पवित्र लेगिन बेटी जनम लेल
सुरकि सेन्दुर लेगिन देली बनवास।

24

हरियर मड़वा पियर धोतिया
राम सैंयो धोती पहिरैं देवर अपना,
नानी नानी कउड़ी खोइचे बाँधी लेल
राम हाम्हे धनी जायब नहियर अपना
आनहु कहरिया फाँदब डँडिया
राम हाटे बाटे जियरा बोधब अपना
जब रउरे जायेब नहियर अपना
राम केकर संगे जियरा बोधब अपना
माँय संगे खायेब, बहिन अंचुवाय
राम भउजाइ संगे जियारे बोधब अपना
माँय मोरा बुढ़िया बहिन ससुराइर
राम भउजाइ कोरे बेटा दुबराज अपना।
राम डाँडी घाटे जियारे बोधब, राम हाटे बाटे जियरा बोधब अपना।

25

बन चम्पा फूली गेलइ
बन दीसे हरियर फूला रसे
रे भँवर चीभल पानी लाल फूला रसे
नगर से निकललैं मालिन बेटी लाल
चली भेलैं जगरनाथ के दरसन लाल
चली भेलैं कपिल नाथ के दरसन लाल
चली भेलैं।
छवि बाजे नरसिंघा लाल गह गह।

26

पोखरी का पिंडियही एक गच्छ चाँपा
पूरबे पछिमें फेकल डारी कि लहइर लहइर
रे सुन्दरी हिया साले कि लहइर लहइर।

एहे बेटे आवत होबैं राजा के सिपहिया
कीनी लेहु एहो चम्पा कली कि लहइर लहइर
रे सुन्दरी हिया साले कि लहइर लहइर।
ना हाँथे दमड़ी ना हाँथे दोकड़ा
कइसे कीनबैं चम्पाकली कि लहइर लहइर
रे सुन्दरी हिया साले कि लहइर लहइर।
ना लेबइ दमड़ी ना लेबइ दोकड़ा
बचने पिंघवइबैं चम्पा कली कि लहइर लहइर
रे सुन्दरी हिया साले कि लहइर लहइर।

27

कृष्ण लीला पर आधारित

कवन नगर राजा चलल बारात है।
कवन नगर केर अहिरिन बेटी
बहुरा तरे नेग दहि लेले ठाढ़ बहुरा तरे
सगुन दहि लेले ठाढ़ बहुरा तरे
गोकुला नगर राजा चलल बारात हो
मथुरा नगर केर अहिरिन बेटी बहुरा तरे
नेग दहि लेले ठाढ़ बहुरा तरे
सगुन दहि लेले ठाढ़ बहुरा तरे।
दहिया बँदइते अहिरिन लावले पीरित हो
कुँडवा पटइक अहिरिन चढ़ले जहाज बहुरा तरे
नेग दहि लेले ठाढ़ बहुरा तरे
सगुन दहि लेले ठाढ़ बहुरा तरे।

28

कृष्ण लीला पर आधारित

कवन नगर केरा बाँहिछुर हरवा
एहे गोइ कवन नगर बिके जायदे मुरलिया

गोकुला नगर केरा बाँहिछुर हरवा
एहे गोइ मथुरा नगर बिके जायदे मुरलिया
चुरिया पहिरले भल काम करले
एहे गोइ बहियाँ मोमइर काहे देले मुरलिया।

29

इसन समये ब्रजपति नहीं आय हो
कठिन कठोर कान्ह देलैं बिसराय
देखल बिनु मोहि घ्रीजा न धराय देखल बिनु
प्राण उठे अकुलाय देखल बिनु
पीक बसन्त बोली अंग न सोहाय
कड़कत प्राण करूँ कवन उपाय देखल बिनु
प्राण उठे अकुलाय देखल बिनु
एक सरे सुना घर रहलो न जाय हो
श्याम बिहीन सखी बिरह सताय देखल बिनु
मोहि घ्रीजा न धराय देखल बिनु
घाँसी के बिनय राखु देहु समुझाय हो
अबकी अवसरे उधो आनहु मनाय
देखल बिनु मोहि घ्रीजा न धराय
प्राण उठे अकुलाय देखल बिनु।

30

का कहु सजनी कहलो नहीं जाय हो
माधब मधुपूरे रहल लोभाय कुबजा संगे
मोहि देलैं बिसराय, कुबजा संगे
ऋतु बसन्त अब पहुँचल आय हो
कुहु–कुहु देत साल कोकिल सुनाय कुबजा संगे
मोहि देलैं बिसराय, कुबजा संगे

अकबक लागे निशि मदन सताय हो
एक सरे सेज पर उठली चिहाय कुबजा संगे
मोहि देलैं बिसराय, कुबजा संगे
असन बासन बिष सम दुरसाय हो
नीक न लागत करुँ कवन उपाय कुबजा संगे
मोहि देलैं बिसराय, कुबजा संगे
रजनी–दिवस घाँसी मारग निहार हो
हरि के देखल बिनु घ्रीजा न धराय कुबजा संगे
मोहि देलैं बिसराय, कुबजा संगे।

31

एँडी पइंरिया दीसइ लीले लील गे मायं
झिरहिर खेलाय दे
काँस नदीक तीर गे मायं बाला नदीक तीरे गे मायं
झिरहिर खेलाय दे
डाण्डा पटोरवा दीसइ लीले लील गे मायं
झिरहि खेलाय दे
काँस नदीक तीर गे माय बाला नदीक तीर गे मायं
झिरहिर खेलाय दे
मेरा हँसुलिया दीसइ लीले लील गे मायं
झिरहिर खेलाय दे
काँस नदीक तीर गे मायं बाला नदीक तीर गे मायं
झिरहिर खेलाय दे
कान तरकिया दीसइ लीले लील गे मायं
झिरहिर खेलाय दे
काँस नदीक तीर गे मायं बाला नदीक गे मायं
झिरहिर खेलाय दे।

32

आंधार घर में दीपक बरौंना रे दीपक बरौंना
सीता झूमते–झूमते चमके नयना।
गज रंथ साजू बारात चलैंना
रे बारात चलैंना
बीचे पन्थ ही बाट छेकल शवना
सोने का थारी आरती जोरैंना रे आरती जोरैंना
अब सोइच लेहु राम करबैं गवना।

33

छोटे–मोटे छोकरी पचास बीड़ा खाय
जारा चूना बदे राँची सहर भुलेजाय
राँची सहर में जे भीत पाका घर
उजे भीत पाका घर रे से भीत परे
मालिनी माला झबराय
रे भीत परे मालिनी माला झबराय।

34

कोने बटे उनहलैं कारी बदरिया
कोने बटे बरीसल पानी
मोर गंगाजल भींजत होबैं कंचन काया
मोर गंगाजल भींजत होबैं सुन्दर काया
मोर गंगाजल पूरुब बटे उनहलैं कारी बदरिया
पछिमें बटे बरीसल पानी
मोर गंगाजल
भींजत होबैं सुन्दर काया मोर गंगाजल
भींजत होबैं कंचन काया मोर गंगाजल।

35

ढाँवठा बिरीछा तरे मिरसुल रुंढ घरे
धइन भोला टाँगी नाथ लेली अवतार
परबत परे एरी मन भेलइ मोर परबत परे
इंटा पखल किला सब भेलइ हिले हिला
कलि में कलश दीसे मनि उजियारी
परबत परे, एरी मन भेलइ भोर परबत परे
पुरुबे पछिमे आरा सरजू के बहे धारा
तेहि तरे भोला नाथ लेली अवतार
परबत रे एरी मन भेलइ भोर परबत परे
केउ घोटैं भाँग बुटी केउ गंजताम हाय रे
केहु चिलम चढ़ायें सूरती लगाइ
परबत रे एरी मन भेलइ भोर परबत परे।

36

के मोरा आनल फूला केर झूला
गे झुनकी के रे आनलैं जै माला
भाइ मोरा आनल फूला केर झूला
गे झुनकी सैंया आनलैं जै माला
टूटी फाटी जातइ फूला केर झूला
गे झूनकी झमकी रहतइ जै माला।
कइसन करे फूला केरे झूला
गे झूनकी कइसन करे जै माला
धमधम करे फूला केरे झूला
गे झूनकी चमचम करे जै माला।

37

केकर अँगना में बाँस बुदाना
रे बाँसाइर बुदना

गोइ केकर अँगना में झीर बजाना
फलना राम कर अँगना में
बाँस बुदाना रे बाँसाइर बुदना
कोई समधि साहेब कर अँगना में झीर बजना
सेइ सुनी दमाद बाबू गेलैं पटना
गोइ साइस लेगिन लाइन देलैं सोने कंगना
सेइ सुनी सासु जे नाचैं आँगना
उजे डेगैं अँगना गोइ दमाद बाबू
लाइन देलैं सोने कंगना।

38

कन्त विदेशे बहुत दिन भेल
रे बहुते दिन भेल
सुनब उधो आब जीवा लागत उदास
आपने ना आवैं कृष्ण लिखी ना पइठायं
उजे लिखि न पइठायं सुनब उधो
लुब्धी रहलैं दब मास
कुबजा बइरिनी कठिन जोग देल
रे कठिन जोग देल सुनब उधो
आपन बस करि लेल सुनब उधो
आपन बस करि लेल।

39

दशरथ तप करी गुरु के चरण धरि
तीन पन बीती गेलइ
पुत्र नहीं पाई कवन रंगे
विधि लिखत लिलार कवन रंगे
भावी लिखत लिलार कवन रंगे

अन–धन सम्पत्ति सब तो पूरन भेल
एक हो पुत्र बिन जग अँधियारी
कवन रंगे विधि लिखत लिलार
कवन रंगे भावी लिखत लिलार
कवन रंगे।

40

प्रीती लगायके जे भेल झखना
मनमोहना देखेके भेल सपना
निसदिन जायब कवल बहना
मनमोहना दिल में बुझहु अपना
सासु ननद घरे करत गंजना
रे करत गंजना मनमोहना
दिल में बुझहु अपना।

41

उड़े लागल सुगावा लवके लागल पाइंख
रे लवके लागल मोर एंड़ी पइंरिया
लवके लागल।
उड़े लागल सुगावा लवके लागल पाइंख
रे लवके लागल मोर डाण्डा पटोखा
लवके लागल।
उड़े लागल सुगावा लवके लागल पाइंख
रे लवके लागल मोर गेरा हँसुलिया
लवके लागल।
उड़े लागल सुगावा लवके लागल पाइंख
रे लवके लागल मोर कान तरकिया
लवके लागल।

42

राम के कहि–कहि मुनि समुझावैं लाल
राजा दशरथ–सा विस्मय भेलइ भारी
जनक हारी, राम चलैं पगुढ़ारी
जनक हारी।
एक विरिछा तरे डेरा डिसालैं लाल
अमृत फूल फूले दीसइ ललकारी
जनक हारी
राम चलैं पगुढ़ारी जनक हारी।

43

काँसा ठोकल माँदरा के
जसपुरिया राजा लेल
पइंयरी में रे किरिया लिखि राखल
काँसा ठोकल माँदरा के जसपुरिया राजा लेल
पटोरा मे रे किरिया लिखि राखल
काँसा ठोकल माँदरा के
जसपुरिया राजा लेल
तरकी में रे किरिया लिखी राखल
काँसा ठोकल माँदरा के
जसपुरिया राजा लेल।
खम्भिया में रे किरिया लिखी राखल।

44

देवरा दहिजरा लेगिन
धोतिया मँगाली हम धोतिया मँगाली।
देवर नहीं आलैं
हाय ललना रे देवर नहीं आलैं।

सुनब सजना रे देवर नहीं आलैं,
देवरा दहिजरा लेगिन कमीजा मँगाली
हाम कमीजा मँगाली देवर नहीं आलैं
हाय ललना रे देवर नहीं आलैं
सुनब सजना रे देवर नहीं आलैं।

45

एंडी पइंरिया सखिनी सब के हो
अंगे अंगे मोतिये कंचन लवके
रे देखल बिनु मोर हिया हरखे
रे देखल बिनु मोर प्राण कलपे
रे देखल बिनु।
डाण्डा परोखा सखिनी सबके हो
अंगे अंगे मोतिये कंचन लवके
रे देखल बिनु मोर प्राण कलपे
रे देखल बिनु मोर हिया हरखे
रे देखल बिनु।
कान तरकिया सखिनी सबके
अंगे अंगे मोतिया कंचन लवके
रे देखल बिनु मोर हिया हरखे
रे देखल बिनु मोर प्राण कलपे
रे देखल बिनु।

46

वैदेही की विदाई : विवाह के बाद जनकपुर में

करत विदा जब वैदेही के
सब रनिवास के लोर ढरके
सिया मुख चुमि अस, भाखे जननी जस

सुना करि जात भवन, मोहि के
सब रनिवास के लोर ढरके।

47

कती खने उधोपति कतिखने डमकच
कती खने रे डमकच कउठे भारी
पहिल साँझे उधोपति आधारती डमकच
भिनुसारे रे डमकच उठे भारी

48

बारी बटे एरंडी टहिल भाला सोभे
कवने रसिका सुन्दइ मुरली बजाय
मुरली का धुनि सुनी नींद न परत हाय रे
कवने बहाने सुन्दइर निकली न जाब
मुरली का धुनि सुनी कल न परत हाय रे
पानी के बहाने सुन्दइर निकली न जाब।

49

रामायण के जटायु प्रसंग
कहत जटायु सुधि सुनब रघुबरे गोइ
सीता के रावन हरि लेल कुंज बने गोइ
जाय के यमुना दहे बड़ युद्ध करे गोइ
टुइट गेलइ अंखा पंखा उड़े के न पारी गोइ
देखू प्रभु दया करु पंछी ऊपर गोइ
देखू प्रभु दया करु।

50

निरखी चंचल चिते जात होबैं गोरी
कहु गोरी गोरी राती इंजोरी–

लाल तो लाले उर लाल रंगल सारी
तिलक रे चन्दन बीचे रोली।

51

पंइरी भाइ नट नारी
ना नाचैं गिरिधारी
कने आली कने गेली
मुकुन्द मुरारी बंसुरीधारी
काहे भेली बयमान बंसुरीधारी
पटोरा भाइ नट नारी
ना नाचैं गिरिधारी
कने आली कने गेली
मुकुन्द मुरारी बंसुरीधारी
काहे भेली बयमान बंसुरीधारी
कंगना भाइ नटनारी
ना नाचैं गिरिधारी
कने आली कने गेली
मुकुन्द मुरारी बंसुरीधारी
काहे भेली बयमान बंसुरीधारी
खम्मिया भाइ नट नारी
ना नाचैं गिरिधारी
कने आली कने गेली
मुकुन्द मुरारी बंसुरीधारी
काहे भेली बयमान बंसुरीधारी
तरकी भाइ नटनारी
ना नाचैं गिरिधारी
कने आली कने गेली
मुकुन्द मुरारी बंसुरीधारी
काहे भेली बयमान बंसुरीधारी।

52

1. नींद ना परत मोहि
   कर फेरत रही
   कने आली कने गेली
   मुकुन्द मुरारी बंसुरीधारी
   राउर सबदो ना पाली बंसुरीधारी
   राउर दरसो ना पाली बंसुरीधारी।

2. नींद न परत मोहि
   आँगना में भुइल रही
   चाइरो पहर राइत
   बइठ के गवांली बंसुरीधरी
   राउर सबदो ना पाली बंसुरीधारी
   राउर दरसो ना पाली बंसुरीधारी।

53

के मोरा आनल
हरवा रे डरवा झिंगुरी काटल माँदर गोइया
के रे आनलैं सिर सेन्दुर
नयना भइर काजर गोइया
भाइ मोरा आनल
हरवा रे डरवा झिंगुरी काटल माँदर गोइया
सइयाँ आनलैं सिर सेन्दुर
नयना भइर काजर गोइया
टूटी फाटी जातइ हरवा रे डरवा
झिंगुरी काटल माँदर गोइया
झमकी रहतइ सिर सेन्दुर
नयना भइर काजर गोइया।

54

गौरी कैलाश सुन्दर शुभ ढांव हो
ताहां बिराजैं मोला नाथ सुख धाम
जपत नाम, हर धरी सिया राम जपत नाम
केउ घोटै भांग मूटी केउ गंजताम हो
केहु चिलम चदांय सुरती लगाई जपत नाम
हर घरी सिया राम जपत नाम
यात्रि घोटैं भांग भूटी आउर गंजताम हो
पांडा चिलम चढाय सुरती लगाई जपत नाम
हर घरी सियाराम जपत नाम।

55

छोटे मोटे छोकरी पचास बीड़ा खाय
रे पचास बीड़ा खाय
जरा चूना बदे राँची शहर बुले जाय
जरा चूना बदे राँची शहर भुले जाय
राँची शहर में जे भीत पाका घर उसे मीत पाका घर
रे से भीत परे मालिनी माला झबराय।

56

डमकच

राम चन्द्र बन गेल कैकेयी कुजस लेल
सीता जे मुड़ झंटत होबैं गोइ साजइन
हाय रे हाय रे सीता जे मुड़ झंटत होबै गोइ साजइन
आगे आगे राम चन्द्र, पीछे भइया लछुमन
बीचे सुन्दरी सीता जाइ गोइ साजइन
काटहु चन्दनक डाइर सीता के करहु छाइहं

रउदे बदन कुम्हलाई गोइ साजइन
हाय रे हाय रे रउदे बदन कुम्हलाई गोइ साजइन

(उपरोक्त गीत में राम के वनवास के कारण कैकेयी ने अपयश लिया सीता–राम के साथ वन को चलीं और बन की कठिनाइयों का वर्णन है।)

57

डमकच

कंत विदेशे बहुत दिन भेल रे बहुत दिन भेल
सुनब उधो आब जीवा लागत उदास
आपने न आवैं पिया, लिखि ना पइठाय
उजे लीखी न पइठांय सुनब उधो
लुबधी रहलैं छव मास।
कुबजा वइरिनी कठिन जोग देल
रे कठिन जोग देल सुनब उधो
आपन बस करि लेल सुनब उधो
आपन बस करि लेल।

(कृष्ण के मथुरा से गोकुल चले जाने पर गोपियाँ दुखीत होकर उधव से कह रही हैं। बहुत दिन हा गये कृष्ण ने हमलोगों की कोई खबर नहीं ली। अब तो वियोग सहा नहीं जा रहा है।)

झूमर

छोटानागपुर का प्राकृतिक दृश्य

झूमर

(झारखण्ड का नृत्य गीत)

'झूमर' जिसे स्थानीय भाषा में 'झूमइर' कहा जाता है। झूमर का अर्थ है– 'झूमना'। इस गीत शैली के गाते ही झूमने का मन करता है अतः गाने वाला गाकर नृत्य करने लगता है। यह नृत्य शैली का गीत है; जिसमें लोग समूह नृत्य करते हैं। एक–दूसरे का हाथ पकड़कर अर्धगोलाकार वृत्त बनाकर महिलाएँ नृत्य करती हैं। पुरुष भी नृत्य करते हैं जिसमें वाद्य यन्त्र शामिल रहता है। यहाँ का स्थानीय वा़द्य 'माँदर' है जिसे बजाकर लोग नाचते हैं।

यह विशेषकर करमा पर्व जो बरसात के भादों महीने के पूर्णिमा को मनाया जाता है। भादों महीने के आरम्भ से ही यहाँ झूमर नृत्य शुरू हो जाता है और रात–रात भर चलता है।

झारखण्ड की हवा में संगीत है, यहाँ के झरनों की कलकलाहट में भी मधुर ध्वनि निकलती है। यहाँ का लोक संगीत इन्हीं ध्वनियों के स्वरों से निकला है। पक्षियों के कलरव, पत्तों की सरसराहट, नदियों की स्वर लहरियों से प्रस्फुटित होता है यहाँ का संगीत। लोक संगीत से ही शास्त्रीय संगीत बना है। झारखण्ड के झूमर गीतों में शास्त्रीय संगीत की झलक मिलती है। यह उत्तर प्रदेश में गाये जाने वाले बरसात के गीत 'कजरी' से काफ़ी मिलता है।

कजरी के बोल हैं–''रिमझिम पड़ेला फुहार सावन ऋतु आ गइले ननदी।'' वहीं झूमर में–''रिमझिम–रिमझिम पानी बरिस गेल नान्हीं–नान्हीं बुन्दा बरिसल पनियाँ।''–दोनों में साम्य है।

बरसात के दिनों में छोटानागपुर का दृश्य बहुत हो रमणीय होता है। काले बादलों से आकाश घिरा रहता है और मुसलधार बरसा के बीच कड़कती हुई बिजली की कौंध,

टपाटप वर्षा की आवाज़; दूर से आती मादल की ध्वनि के स्वर में स्वर मिलाकर झूमर गाती हुई युवतिओं की टोलियों यहाँ का आम दृश्य है। करमा इस ऋतु का विशेष पर्व है। इस पर्व क पन्द्रह दिनों पूर्व से ही नाचना गाना आरम्भ हो जाता है। खेतों में भरपूर पानी भरा रहाता है। इन्हीं दिनों धान की रोपनी भी होता है। कृषक काम से निपट कर वर्षा के छुटते ही नाचने गाने के लिए मादल लेकर अखरा की ओर निकल पड़ते हैं उपरौक्त गीत कवि घासी राम की रचना है।

घासी राम एक भक्त कवि थे। यह गीत उनकी 'दुर्गा सप्तशती' से ली गई है जो भक्ति रस की रचना है, झूमर राग की भक्ति रचनाओं के प्रारम्भ में मां दुर्गा की स्तुति से घासी राम झूमर गीत का प्रारम्भ करते हैं। प्रारम्भिक 13 गीतों में महामाया की स्तुति है। यह एक उत्कृष्ट भक्ति रचना है।

।।श्री।।
नागपुरिया दुर्गा सप्तसती

झूमर राग

1

श्री महामाया कर, पग अरविन्दवर
बन्दन करौं बारे बार, ए जननी
जय दुर्गा जगत अधार।।1।।
धन्य धन्य महेश्वरी सुयश सुकृत भूरी
भक्तजन केर हितकार ए जननी.
जय दुर्गा जगत अधार।।2।।
जेहि गुन गाय नर, तरे भव सिन्धु पर
जाने माने सकल संसार, ए जननी
जय दुर्गा जगत अधार।।3।।
रिपु रुज दरिद्रता, दलनकारक माता
पतित प्रताप है अपार, ए जननी
जय दुर्गा जगत अधार।।4।।
घाँसी परे दया करु संसय संकट हरू
पाहि उमा शरण तुम्हार, ए जननी
जय दुर्गा जगत अधार।।5।।
ए जननी जय दुर्गा जगत अधार।

घासी राम एक भक्त कवि थे। यह गीत उनकी 'दुर्गा सप्तशती' से ली गई है जो भक्ति **रस** की रचना है। झूमर राग की भव्य रचनाओं के प्रारम्भ में माँ दुर्गा की स्तुति से घासी **राम** झूमर गीत का प्रारम्भ करते है। प्रारम्भिक 13 गीतों में महामाया की स्तुति है।

2

एक कल्प अन्त पर, किये कीर्ति मनोहर
जलामय सकल संसार, ए जननी
रहल सुयश युगचार, ए जननी रहल सु...।।1।।
श्री विष्णु महाप्रभु, शेष शय्या पर प्रभु,
शयन कियेउ सुख सार, ए जननी रहल सु।।2।।
हरिकर कर्ण मल तहाँ जन्मे दुइ खल,
मधु और कैटभ दुख दार, ए जननी रहल सु।।3।।
श्री नारायण कर नाभिके कमल पर,
भये विधी उत्पन्न आर, ए जननी रहल सु...।।4।।
सेगुन गावन कर, घाँसी माँगे वित्त वर,
देहु ए माँ, ढरू एह बार, ए जननी रहल सुयश युगचार
ए जननी रहल सुयश युगचार।।5।।

3

सोवल हरिके जानी, मधु–कैटभ अभिमानी
खल मने करि अनुमान, ए जननी
सुयश के बनाली वितान, ए जननी।।1।।
मारन विरंची कहँ, तुरन्त गयेउ तहँ,
देखि विधि अति विकलान, ए जननी
सुयश के बनाली वितान ए...।।2।।
श्री विष्णु के जगावन, हेतु करैं सुमिरन
धाता बड़ी विनय बखान, ए जननी
सुयश के बनाली वितान...।।3।।
से समय हरि पर, योग निन्द्रा जिनकर
विश्वेसरी गुन के निधान, ए जननी
सुयश के बनाली वितान, ए जननी।।4।।
जगत सृजन भरी, पालन संहार करी

तेज मूर्ति जे विराजमान ए जननी
सुयश के बनाली वितान, ए जननी।।5।।
निन्द्रारूपी भगवती, कहँ घाँसी तुहि...
माय मोही करू वेगि त्रान, ए जननी
सुयश के बनाली वितान ए...।।6।।

4

कहत चतुरानन माँ दुर्गा करू श्रवन
सावधान भये मतिमान, ए जननी
भगवती परम प्रधान, ए जननी...।।1।।
हवन में तुम स्वाहा मन्त्ररूपी अहो माहा,
श्राद्ध में स्वधा रूपी जान,
ए जननी, भगवती परम प्रधान ए...।।2।।
देवन के आगमन, कर्ता तुही निरूपन
परमतत्व सुरही महान, ए जननी भगवती...।।3।।
अमृत वृद्धि सर्ता ह्रससे रहित माता
तुही नित नाशनि, गुनान ए जननी
भगवती परम प्रधान।।4।।
ह्रस्व, दीर्घ, लुप्त रूप, सदा स्थिति से अनूप
व्यंजन स्वरूपिणी सुहान, ए जननी।।5।।
राउरी बर्णना भारी, कोइ नहीं करे पारे
जढ़ घाँसी जाँचे गुनगान, ए जननी
भगवती परम प्रधान, ए जननी।।6।।

5

तुही रमा स्वरूपिनी, तुमहि सावित्री धनी
तुही देवी इश्वरी महान, ए जननी, धन्य ओ माँ
करुणानिधान ए जननी धन्य ओ माँ...।।1।।

तुही विश्व के धारिणी, उतपति तुही करनी,
पालनी औ भझिणा जहान, ए जननी धन्य।।2।।
सृष्टि रूपा अवस्थिति, संहारिनी वपु वृति
महाविद्या महामाया मान ए जननी, धन्य।।3।।
महामेधा महास्मृति, महामोहा भगवती
महादेवी इश्वरी महान, ए जननी, धन्य ओ माँ
करुणानिधान, ए जननी...।।4।।
सब प्रकृति बपु, सत रज तमो आपु
घाँसी कह करू बेगित्रान, ए जननी
धन्य ओ माँ करुणानिधान।।5।।

6

ओहे–ओहे माँ संकष्ट हरनी,
धन्य दयानिधि नारायणी, हे संकष्ट हरनी।।1।।
तुमी जिव रूपवान, उत्तम में परधान संकष्ट हरनी
प्रमेश्वरी सुखद सदनी, हे संकष्ट हरनी।।2।।
अखिल आत्मिक आही, सत औ असत मांही संकष्ट हरनी
शत्ति सब करू पुरातनी, हे संकष्ट हरनी।।3।।
तब ओ माँ कौन युक्ति करों तव अस्तुति,
संकष्ट हरनी, अपार हे राउरी करनी, हे संकष्ट हरनी।।4।।
अगम अगाध अति, भारी, राउर कर तुती हे संकष्ट हरनी
घाँसी जड़ सकेना बरनी हे संकष्ट हरनी,
धन्य दयानिधि नारायणी हे संकष्ट हरनी।।5।।

7

ओहे–ओहे माँ जगत जननी
पतित प्रताप सुअवनी, हे जगत जननी।।1।।
विष्णु नारायण कह, तुमी योगनिन्द्रा मह
जगत जननी, वसोवस करली आपनी

हे जगत जननी।।2।।
तब तुव अस्तुती, कवन करत शक्ति
जगत जननी, धन्य धन्य धन्य नारायणी
हे जगत जननी।।3।।
विष्णु, शिव अरु हम के देह धरती तुम, जगत जननी,
भारी है प्रताप के भाजनी
हे जगत जननी।।4।।
तब ओहे महतारी स्तुति के करे पारी जगत जननी
घाँसी जढ़ जाँचत शरणी
हे जगत जननी
पतित प्रताप सुअवनी
हे जगत जननी।।5।।

8

ओहे ओहे माँ सुख के सदनी
सविनय सुनु सनातनी
हे सुख के सदनी।।1।।ब
अब ऐ माँ दैत्य यह मधु वो कैटभ कह
सुख के सदनी, मोह उपजावहु एखनी
हे सुख के सदनी।।2।।
अरु विष्णु नारायण के जगाउ
एहि क्षण सुख के सदनी
देरी जरा करू ना जननी,
हे सुख के सदनी।।3।।
एह दोनों बलवान के मारे के करू ज्ञान
सुख के सदनी, त्राही ओ माँ रावरी शरनी
हे सुख के सदनी।।4।।
रक्षा करू रक्षा करू, दीन जानी पक्ष परू, सुख के सदनी
घाँसी की है अरज एतनी

हे सुख के सदनी
सविनय सुनू सनातनी
हे सुख के सदनी।।5।।

9

ओहे ओहे माँ, दलन दुखारी दयामइ
दीन हितकारी हे दलन दुखारी।।1।।
ब्रह्मा जी की अस्तुति सुनी के प्रसन्न अती,
दलन दुखारी, धन्य ओ माँ
किरती सँवारी, हे दलन दुखारी।।2।।
विष्णु के नासिका नयन, हिरदे बाहु सयन
दलन दुखारी, बाहिर भय ज्योति उजियारी
हे दलन दुखारी।।3।।
महाकाली रूप भेली, विधि के दर्शन देली,
दलन दुखारी, हरि के जगाय महतारी
हे दलन दुखारी।।4।।
घाँसी कह इमी विधि दरस देहू दयानिधि,
दलन दुखारी रिपु रुज संकट निवारी
हे दलन दुखारी।
दयामइ, दीन हितकारी,
हे दलन दुखारी।।5।।

10

महा दैत्य अभिमानी श्री हरि से बोले बानी
मोह बस भये भारी, तुम हम सन सुखकारी
माँगहु बर असुरारी।।1।।
कहैं तब जनार्दन मह हाथें
दुनों झन हतन हो दुराचारी
एहे देहु कहलैं दैत्यारी,

माँगहु वर असुरारी।।2।।
वंचवध भये खल, जलामय सब थल
निरखी कहे पुकारी, सुनु मम बचन सुखारी,
माँगहु बर असुरारी।।3।।
जेही जगे छिति पर, निर नखे दामोदर
उहाँ मोही देहु भारी, कर ली कबूल अनुसारी
माँगहु बर असुरारी।।4।।
धन्य ब्रह्मा बर दाता मति के पेरक माता,
धन्य धन्य महतारी लेहु अब घाँसी के उबारी
माँगहु बर असुरारी।।5।।

11

शंख चक्र गदाधारी, बहुत अच्छा कहि करी
युगल जानु फैलाई, सीर दोनों खल के मंडाई काटलैं हरि रिसियाई।।1।।
मधु औ कैटभ दुनों, बधन भयलैं उनो
हेरी विधि हरषाई, जोरि कर असतुती लाई
काटलैं हरि रिसियाई।।2।।
जय जय महाकाली, बचन न गेली खाली
मोहिके लेली बचाइ, सुयश रहल जग छाई
काटलैं हरि रिसियाई।।3।।
स्वयं उतपन भेली, दास के उबारी लेली
धन्य धन्य महामाई, अपार महिमा प्रभुताई
काटलैं हरि रिसियाई।।4।।
एहि जे मारकण्डे पुरान है नवो खण्डे
प्रथम अध्याय गाई, देवी महातम सुखदाई
काटलैं हरि रिसियाई।।5।।
महेश्वरी बेगी ढरू, प्रताप उदय पर दया करू,
परुपक्ष अबधाई, संकट के देहू विनसाई
काटलैं हरि रिसियाई।।6।।

दूसर राग

12

ओहे–ओहे माँ दुसह दलनी,
दयामयी दीन के दायनी, हे दुसह दलनी।।1।।
कालरात्रि, महारात्रि, मोहरात्रि
तुही मात्रीं दुसह दलनी, लक्ष्मी जिव
इश्वरी आपनी, हे दुसह दलनी।।2।।
मन्त्र रूपी बुद्धिदाता, ज्ञान की लक्षणा माता
दुसह दलनी–तुही लज्या पुष्टी पुरातनी,
हे दुसह दलनी।।3।।
शान्ति क्षमा महेश्वरी खड्ग्निनी माँ भयंकरी–दुसह दलनी
तुही उमा गदिनी चक्रिणी
हे–दुसह दलनी।।4।।
शंखिनी धनुषधारी बाण औ भुशुण्डी सारी–(साही) दुसह दलनी
तुही उमा परिध धारिणी, हे दुसह दलनी
दयामयी दीन के दायनी, हे दुसह दलनी।।5।।
सौम्य असौम्य रूपा सुन्दर अंग अनूपा–दुसह दलनी
घाँसी कह राखु माँ शरनी, हे दुसह दलनी।।6।।

13

विष्णु नारायण धन जागे जब जेहिखन
दीनहीन हितकारी, शेष शय्या सयें बलिहारी

उठलैं झट दनुजारी, शेष शय्या सयें बलिहारी
उठलैं झट दनुजारी।।1।।
बड़े पराक्रमी अह मधु औ कैटभ कह
दुनों के देखलैं–त्यारी–क्रोधे लाल नयन निहारी
उठलैं झट दनुजारी।।2।।
दैत्य दोनों चिंत चेतु–विधि के भक्षन हेतु,
यतन करत भारी, देखी हरि कोपित अपारी
उठलैं झट दनुजारी।।3।।
बाँह युद्धि सेह ठिन करते बितलक दिन–
कोइ नहीं माने हारी, वर्ष पाँच हजार गुजारी
उठलैं झट दनुजारी।।4।।
महामाया तेहि धरी मोह उत्पन्न करी
असुर के हिये डारी घाँसी करे शरण पुकारी
उठलैं झट दनुजारी, शेषशय्या सएँ बलिहारी
उठलैं झट दनुजारी।।5।।

कवि केसरी कुमार जो बहुत दिनों तक छोटानागपुर में वास किये थे, कहा है–"छोटानागपुर में चलना ही नृत्य है और बोलना ही गीत है।" यह कथन पूर्णतः चरितार्थ होता है क्योंकि यह धरती प्राकृतिक छटाओं से परिपूर्ण है। यहाँ के लोक संगीत और नृत्य से दर्शक मन्त्र मुग्ध हो जाते हैं।

यहाँ लोक संगीत में हर विषय को लेकर गीत बने है परन्तु विशेष कर वर्षा ऋतु में मनाये जाने वाले तीज, त्योहारों में जो गीत गाये जाते हैं उनमें विशेष कर कृष्ण–लीला का वर्णन है। ऐतिहासिक कथा है कि इस स्थल से चैतन्य महाप्रभू पूरी जाते हुए गुजरे थे तथा अपने कृष्ण–भक्ति भय संगीत प्रतिभा की छाप यहाँ छोड़ गये है। कृष्ण–भक्ति परक रचनायें (गीत) यहाँ प्रचूर मात्रा में पाये जाते हैं। यह पौराणिक गीतों में दृष्टि गोचर होता है। उदाहरण के लिए देख सकते हैं "जात जमुना जल नटबरे रोकी रहल डहरे।" अतः "जल भरने जाते हुए गोपियाँ का कृष्ण ने राह–रोक राखा है।"

छोटानागपुरी झूमर गीतों में बारहमासे को एक विशिष्ट स्थान प्राप्त है। इन गीतों में उत्कृष्ट प्रकृति–चित्रण हुआ है। ये कवि घातीराम की रचना हैं। कवि ने प्रकृति की मधुर व्यंजना की है। ऋतु गीतों की परम्परा बहुत प्राचीन है। संस्कृत महाकाव्यों में ऋतु–वर्णन की परम्परा थी। ऋतु–परिवर्तन बारहमासी गीतों में काफी मात्रा में हुआ है।

1

चैत (जोड़ा राग)

चैत सघन फूल फूले बहुताय
मधु मातल सजनी गे, रन–रन शबद सुनाय...2
कोकिल मयोर धुनि बसन्त बोलाय, मधु मातल...
अब धरे रहलो न जाय, मधु मातल सजनी भाइ
अब धरे रहलो ना जाय।
भ्रमर भ्रमणि गण, सकल सिधाय
मधु मातल सजनी गे
लोभीत फिरत हुलसाय, मधु मातल...2
अस अवसरे घाँसी मिले जदुराय, मधु मातल...
अब करू कवन उपाय, मधु...2

2

जोड़ा बैशाख

चढ़ल बइशाख पूनीत दिन आय, जिया जारत सजनी
ब्रजपति कहाँ बीलमाय, जिया जारत...2
कोइ करे नेमा ब्रत, प्रभाते नहाय। जिया...
करी पूजा ब्राह्मन जेवायें, जिया जारत...2
हम तो अबला नारी, गुनी पछताय। जिया...
मन मारी रही मुरुझाय, जीया...2
इसन अवसरे श्याम देलैं बिसराय, जिया...
मने गुनी धासी पछताय, जिया जारत...

3

जेठमास (जोड़ा राग)

चढ़ल जेठ महीना अब प्राय, हिया हारल सजनी गे
रउदे बदन कोमलाय हिया हारल सजनी गे, रउदे बदन कोमलाय
मारत कठिन ताव, पसीना चलाय, हिया हारल जनगी भाइ
अकबक जिउवा अकुलाय, हिया हारल सजनी भाइ...2
कइसे शीतल करू, अंगिया मिलाय, हिया हारल...
आजु धरे नखैं जदुराय, हिया हारल सजनी गे...2
अगर, चन्दन अंग दाह उपजाय, हिया हारल सजनी गे
घाँसी गोविन्द गुण गाय,

बरसात के दिनों में धान के खेत में गीत गाती हुई धान की रोपाइ

4

जोड़ा आसाढ़

ओहे ओहे गोइ देखहू दुलारी, चढ़ल आसाढ़ घटाकारी
गोइ देखहू दुलारी।
सन नन पवन के गगन सुखारी।
गोइ देखहू दुलारी।
दादुवीर झिंगुर झनकारी।
गोइ देखहू...।
ठननन ठननन बरसत बारी
गोइ देखहू...।
दमके दामिनी उजियारी
गोइ देखहू...।
अस अवसरे घाँसी, नखैं बंसीधारी।
गोइ देखहू...।
जोबन के जाला भेल भारी,
गोइ...।

5

श्रावण

ओहे ओहे गोइ लझइर बूँद परे, सावन के मासे
थोरे–थोरे गोइ लझइर बूँद परे।
बहे पुरवैया बाव भुवन भीतरे गोइ लझइर बूँद परे,
गिरि चढ़ी मयोर टंकोरे गोइ लझइर बूँद परे।
पीऊ–पीऊ पपनी पपीहा शोर करे, गोइ लझइर बूँद परे
सुनी हिया मदन मरोरे, गोइ लझइर बूँद परे
अस अवसरे घाँसी नखैं नटवरे गोइ लझइर...
समय बीतलैं भोरे भोरे गोइ लझइर बूँद परे।

6

जोड़ा (भादो)

ओहे ओहे गोइ तड़कत छाती,
डर लागे भदोइया के राती
गोइ तड़कत छाती।
चरका–चरका फूटे काशी के जमाती,
गोइ तड़कत छाती।
देइख बरे बीरहे के बाती
गोइ तड़कत छाती
अस अवसरे धरे नखैं कंसराती
गोइ तड़कत छाती
प्राण के राखब कोन भाँती
गोइ तड़कत छाती।
श्री हरि के घाँसी हाम कवन जगे पाती
गोइ तड़कत छाती
हरसीत हीरदे लगाती
गोइ तड़कत छाती
डर लागे भदोइया...।

7

आश्विन (दुसर राग)

आयल आशिन मास बरखा आखिर,
आहा ए मधु मालइत गे,
कहीं शीत कहीं बरखत नीर,
आहा ए...सधु मालइत गे
उड़त काशे फूल संगे समीर,

आहा ए....मधु मालइत गे
नीरखी मदन मारे तीर,
आहा ए मधु मालइत गे...
हरि बिने भावे नहीं भवन अजीर
आहा ए मधु मालइत गे
अब कइसे धरू मन धीर।
आहा ऐ...मधु मालइत गे
अस अवसरे नहीं प्राय जदुबीर,
आहा ऐ...मधु मालइत गे
भेल घाँसी प्रेम के फकीर।
आहा ऐ...मधु मालइत गे

8

जोड़ा कार्तिक

काम कला दिन कार्तिक मास,
आहा ए मन माजइर गे
घर–घर मंगलाचार चार प्रकाश,
आहा ए मन माजइर गे
नर–नारी करत बिलास,
आहा ए...मन मानइर गे
अस अवसरे ब्रजपति नहीं पास,
आहा ए...मन मानइर गे
टूटल आवन के आश,
आहा ए...2
घाँसी के तेजी हरि गये परबास
आहा ए मन माँजइर गे,

डाली राखलैं प्रेम फाँस,
आहा ए मन माँजइर गे।

9

अगहन (जोड़ा राग)

अघन मासे शीशीर जनाय, आहा ए नवा नागइर गे,
ब्रजपति कहाँ बीलमाय
आहा ए नवा नागइर गे, ब्रजपति कहा...।
काटत सालीगन लोग समुदाय, आहा ए...
नर–नारी उमंग बढ़ाय, आहा...
कहे से सनमुख करू अब जाय, आहा ए...
आजु धरे नखैं जदुराय, आहा ए नवा...
छन–छन मन करे उठी अकुलाय, आहा ए...
घाँसी गोविन्द गुण गाय, आहा ए...

10

जोड़ा पूस

पहुँचल पूस मास कठिन कराल
सुनब ए सुन्दइर गोरी गे, धरे नखैं मदन गोपाल
अकबक लागे निशि मदन सताय, सुनब...
समझी उठत उस साल।
केकर संगे निशि सोइ शीत काल, सुनब...
काटबैं जाड़ के जंजाल
सुनब ए सुन्दइर गोरी गे, काटबैं जाड़ के जंजाल
धाँसी दर्शन बदे बहुते बेहाल
सुनब ए नवां नागइर गे, कब टरे विषम जंजाल।

11

माघ (दूसर राग)

आयल माघ महीना सुख धाम हिया सालत
सजनी गे आजू धरे नखैं घनश्याम
छनके शीत लागे, खने लागे घाम, हिया सालत...
रहलो ना जाय ऐहो ठा.व, हिया...
बिरह अगिन जाला, जारे आठो जाम, हिया...
काहे ब्रजपति भेलैं वाम, हिया सालत...
श्रीपति लेहू सुधि करहू विश्राम हिया...
जड़ घाँसी जपे हरि नाम, हिया सालत....

12

जोड़ा फागुन

फागुन मास दइया सकल कामिनी,
दिल लागल सजनी गे,
उदमद फगुवा के दिन, दिल...2
कान्त से धरे रंग खेलत भामिनी, दिल...
पहिरो बसन तनझीन, दिल लागल...2
अंगे अलंकार जैसे दमके दामिन, दिल लागल...
मोही न भावत हरि बिन, दिल लागल...2
कृष्ण विहीने हम अबला अधीन
दिल लागल सजनी गे,
रहू घाँसी कइसे एहो ठीन, दिल लागल...
उदमद फगुवा के दिन।

झूमर बारहमासी

बारहमासी के गीतों में उत्कृष्ट प्रकृति–चित्रण हुआ है। कवि का विषय राधा–कृष्ण के प्रेम के साथ ही प्रकृति–वर्णन बहुत सुन्दर बन पड़ा है। छोटानागपुरी झूमर के अन्तर्गत बारहमासे को एक विशिष्ट स्थान प्राप्त है।

1

ओहे ओहे गोइ मुकुन्द मुरारि
श्री गोवर्धन गिरिधारी गोइ मुकुन्द मुरारि।
सुर नर मुनि सबे, पलक सुखारी गोइ मुकुन्द...।
दीन–हीन कर हितकारी, गोइ मुकुन्द मुरारि।
गोकुल नगर बृन्दा विपिन बिहारी गोइ...।
रास रचु आच्छा उजियारी, गोइ मुकुन्द...।
दयानिधि एहे बर देहू सुखचारी गोइ...।
घाँसी के झूमइर लागे भारी, गोइ मुकुन्द...।

2

जल भरे गेली जमुना जी के बारी साजनी, साजइन
अचके भेट लैं बनवारी, गोइ साजनी।
बोलत बचन रूख, ठाड़ भेलैं सनमुख साजनी, साजइन
एके टके बदन निहारी गोइ साजनी साजइन...2
उमंग–उमंग तने मुसकत मने मन, साजनी, साजइन
साँन दइये बहियाँ उल्हारी गोइ साजनी, साजइन...
बोले घाँसी बनमाली सुरती के देइख आली साजनी...
साजइन छबी छटा बीसरे ना पारी गोइ साजनी।

3

(जोड़ा)

इसन अनीति करैं मुकुन्द मुरारी साजनी, साजइन
पानी घाटे भेलैं असवारी गोइ साजनी, साजइन...
कहलो ना मानैं कान्ह माँगत जोवन दान साजनी, साजइन
शरम के बात सुकुमारी गोइ साजनी, साजइन...
हरि के इसन दाब, कइसे के जमुना जाब साजनी, साजइन
सासु नन्द देवैं गारी गोइ साजनी, साजइन
सासु नन्द दिहे गारी गोइ साजनी...
घाँसी बड़ा जेठ कर सुनी जिवा लागे डर साजनी, साजइन
घर में रहना दिकदारी गोइ साजनी, साजइन
घर में रहना दिकदारी गोइ साजनी।

4

(दूसर राग)

कइसे दिल बोधब गोइया, आँइख लोरे भींजत छतिया गोइ
कइसे दिल बोधब गोइया, मन करे हरदम पंछी रहती हाम
कइसे दिल बोधब गोइया, उड़ी जाती जहाँ होबैं पिया गोइ
कइसे दिल बोधब गोइया, भावे ना भोजन धरे नहीं नींद एक सरे
कइसे दिल बोधब गोइया, एही दशा होवत रंगिया गोइ
कइसे दिल बोधब गोइया, श्री हरि नारायण बिन घाँसी झुरे मन
कइसे दिल बोधब गोइया, कड़की कलेजा उठे हिया गोइ
कइसे दिल बोधब गोइया, आँइख लोरे भींजत छतिया गोइ, कइसे–कइसे

5

(राग दूसरा)

बृन्दा कान्दीये काइन्द, कहैं एक स्वरे–2
हैरे काहे प्रभू हामर से बिछुरे गोइ नीठूर अहीरे

एहे गाइ काहे प्रभु...
आयज लुकाय बने पटकली डरे डरे हैरे, ओंठे मोर बहत
रुधीरे गोइ नीठूर अहीरे। एहे गोइ ओंठे मोर...
दरदो ना लागे श्याम गेली कतइ दुरे...2
हैरे ओंठे मोर बोहत रुधीरे गोइ नीठूर अहीरे–एहे गोइ...
भावे बिमल रस ससीका चतुरे–चतुरे, हैरे आउ दोष
छेमली राउरे गोइ नीठूर अहीरे,
एहे गोइ आऊ दोष छेमली राउरे गोइ नीठूर...

6

निम्नलिखित गीतों में रामायण के प्रसंगों का वर्णन हैं। ये 18 गीत राम लीला के प्रसंग में रचे गये हैं।

पहूचे बरात जनकपुर धाम गोइ,
नर नारी सभे अकुलाये रे, गोइ साजइन
राम के देखी मोहित भयेलक मन जे,
ना जायेब गृहबास, गोइ साजइन।
जय श्री राम चन्द मन मुसकायें, गोइ साजइन।
जपहू मन चित लाइ गोइ साजइन।
बैकुण्ठनाथ पगुढारैं, गोइ साजइन।

7

प्रात भये राम माँगत विदाई गोइ दूती, नर नारी सभे अकुलाय
गोइ दूती नर नारी सबे अकुलाई।
नारी जनम विधि रचल संसार, गोइ दूती
गृह तेजी पर गृहे जायें, गोइ दूती, गृह तेजी...
दान दहेज राजा बहुते विदाइ, गोइ दूती,
सेकरो वर्णन नहीं जाइ गोइ दूति, सेकरो...
जनक रानी जानकी अंकवारी गोइ दूती

मुख चुमी नयन झँझाय, गोइ दुती मुख चूमी...
सासू ससूर पद नित उठी पड़ब, गोइ दूती
पति चरण मन लाये, गोइ दूती पति चरण...

8

राजा दशरथ गुरु बशिष्ठ बोलायें, सुनब सखिया गोइया रे
तीलक के लगन धरायें, सुनब सखिया गोइया रे
अवध नगर नारी नर अकुलायें, सुनब सखिया गोइया रे
घरे घर मंगला गायें, सुनब सखिया गोइया रे
सेइ समाचार रानी बात सुनी पायें, सुनब सखिया गोइया रे
सेइ आनन्द कहलो ना जाय सुनब सखिया गोइया रे
केकइ कोप भवन में सिधायें, सुनब सखिया गोइया रे
ठानलैं रोदन बड़ ठान, सुनब सखिया गोइया रे
से सुनी आइ नृपति अकुलायें, सुनब सखिया गोइया रे
लोकनाथ देव बिलखैं, सुनब सखिया गोइया रे....2

9

जोड़ा राग

रानी कैकेइ राना दशरथ से दो वर माँग रही हैं।

कैकइ कहे राजा सुनु मनलाय, सुनब सखिया गोइया रे
देहु बर आजु हरखाय, सुनब सखिया गोइया रे
भरत के राजा करू, राम बन जाये सुनब सखिया गोइया रे
यही में तो हएँ कुशलाय, सुनब सखिया गोइया रे
सुन ते बचन राजा गये मुरुछाय, सुनब सखिया गोइया रे
व्याकुल धरणि लोटाएँ, सुनब सखिया गोइया रे
राम जाये बन अब ना सहाय, सुनब सखिया गोइया रे
जग कलंक रही जाय, सुनब सखिया गोइया रे
लोकनाथ देव झँखएँ तब आय, सुनब सखिया...
भेजू बन कुछ ना उपाय सुनब सखिया...

10

(दूसरा राग)

बन गेलैं सीताराम सुना भेल अवध धाम, ए गोइ दूती
सेउ दुख कहलो ना जाय, ए गोइ दूती सेइ...
आये भरत जब देखैं, सब चुपचाप, ए गोइ दूती
पूछन लागैं अकुलाय, ए गोइ दूती....2
कौशल्या ही नमी माथ पूछैं कहाँ रघुनाथ, ए...
कही सब चरित्र सुनाये ए गोइ...2
उहाँ से केकही ठन गये रीपू दहन गे दूती
लोकनाथ देव सुनी गायें गोइ...2

11

(राग दूसर)

भले भले गोइ भरत मिलने, गेलैं बन राम कर ठने, गोइ
भरत मिलने, गेलैं बन राम के ठने, गोइ भरत...
माथ नवायें सीता राम के चरणें, गोइ भरत मिलने
प्रेम पुलके गात बहुत लांछने, गोइ भरत मिलने
गहे अंकवाइर दुनों झने, गोइ भरत मिलने।
कुटिल कुबुद्धि माय भेजी देल बने, गोइ भरत मिलने
करे नहीं चाहत इसने, गोइ भरत मिलने, करे नहीं...
चलहू अवध कहैं कैकयी नन्दने, गोइ भरत मिलने
मानूँ बात फिरहू भवने, गोइ भरत मिलने।
लोकनाथ देव सुनी झँखैं मने मने, गोइ भरत...
सुनी दशरथ के मरने, गोइ भरत मिलने गेलैं बन राम...

12

जोड़ा राग

भले भले गोइ कैकेही सुवने करु राज अजोध्या
भवने गोइ कैकेही सुवने करु राज अजोध्या

माता के दोष नहीं विधि के लिखने, गोइ कैकेयी...
सुर काज मोहि है साधने गोइ कैकेयी सुवने, सुर काज...2
कौशल्या, सुमित्रा माता राखब जतने, गोइ कैकेही...
प्रजा पूर करब पालने गोइ कैकेयी सुवने प्रजा...
कइसे करब पिता वाक्य उलंघने, गोइ कैकेही...
चउद बरष पुरावने गोइ कैकेइ सुवने, चउद...
रिपुसूदन संगे मिललैं लखने, गोइ कैकेयी सुवने
दिये भरत पादुका चरणे, गोइ कैकेही सुवने।

13

राग दुसर
सीता राम का दण्डक वन–प्रवास

हाय रे–हाय रे दण्डक बन परबासे, हैरे सिया रघुबीर
निवासे दण्डक बन परबासे, हैरे सिया रघुबीर...
मारीच कपट काया बाँधलैं मिरीग छाला, पहूँचे मन्दिल पासे
हैरे जानकी जी देखी के हुलासे, दण्डक बन परबासे...
जटायु से संगे जुध, थकीत भयेलक जुध
रबि सुता अद्भूत, हाय रे अब लंका लूटल हमार
दण्डक बन परबासे, हाय रे सिया रघुबीर...
बीर हनूमान कहैं सब के लागल त्रास, माया सुत
अद्भूद हैरे अब लंका होवल हमार,
दण्डक बन परबासे, हैरे सीता रघुबीर
निवासे दण्डक....

14

लंका प्रस्थान का प्रसंग

अब दल साजु रे गोइया, प्रभु भेलैं लंका के जवइया
गोइ अब दल साजू रे गोइया...

जाइ कटक डेरा बीर बाँधलैं घेरा...2
राम लखन दुइयो भइया, प्रभु भेलैं
बीर बाँदर प्राण सब के बोलालैं राम...2
जल बीचे प्राण झोकू गोइया, प्रभु भेलैं...2

15

जाइ लंकागढ़ धूम मचावल, सिया जी के रावण
प्रभु के देहू ना पइठाय, भला सिया जी...
अँचरे अमर पद पाव हेराय गेल, भला कर जोरी
मन्दोदरी, पाव धरी रोदन लगाय भला कर...2
राम हो लछुमन दुइयो तो फकीर भेल...2
भला बृक्षा तर सजनी भाइ, बनफल
करत आहार, भला बृक्षा तर सजनी भाइ...2
राम तो कहलैं बात, विभीषण पुछलैं लाल...2
भला मती झँखू प्रभु जी
रावण तो बंश के डुबाय भला मती
झँखू प्रभू जी रावण तो बंश...

16

मेघनाथ वध के पश्चात् सलोचना का विलाप

हो हो गोइ सती सुलोचनी, पति सिर माँगत
बावनी, गोइ सती सुलोचनी।
संग से करिये जाये, सखी सुबोधनी, गोइ सती सुलोचनी,
राम सने बोले जोड़ी पाणि, गोइ सती...
देहू प्रभु पति सिर, दया उर लानी गोइ सती
राम सयें बोले जोड़ी पाणी, गोइ सती...
कटक भझार जाय, शेष के नन्दिनी, गोइ सती सुलोचनी,
दीजे भोला पावे निज पाणि गोइ।

17

ओहे–ओहे गोइ शेष के नन्दिनी, सिर लिये गृह के
गमनी, गोइ शेष के नन्दिनी।
शिर देखी मन्दोदरी रोदन ठानी, गोइ शेष...
दशो सिर रोवे सीर धुनी, गोइ शेष के...
जाउ सभे चारा गण चिवा के रचनी गोइ शेष
चीर घृत करत समानी, गोइ शेष के नन्दिनी
दीजे भोला मशान गमनी, गोइ शेष के नन्दिनी
तन जारी जलत अगनी, हे शेष के नन्दिनी
सिर लिये गृह के गमनी, गोइ...

18

उठू ना सीता थम्भ करू रउरे लिखी देहू
रावण का रूप, गोइ साजइन, हाय रे हाय रे
लिखी देहू रावण का रूप, गोइ साजइन
दस हो सिर, बीस हो भुजा रे, एही देखू
रावण का रूप, गोइ साजइन, हाय रे एही...
दस हो मेटल, बीस नहीं मेटल रे, धमसी पहुँचैं
रघुनाथ, गोइ साजइन, हाय रे–हाय रे, धमसी...
कने गेली किया भेली, लछुमन भइया रे, सीता के
देहू बनवास, गोइ साजइन।
किया सीता चोरनी किया सीता चटनी,
काहे बदे देवैं बनवास, गोइ साजइन।
नहीं सीता चोरनी, नहीं सीता चटनी
लिखी देलैं दुशमन हमार, गोइ साजइन।
कने गेली किया भेली भौजी हमार रे चलू भौजी
बनरे सीकार, गोइ साजइन, हाय रे–हाय रे चलू...
एक कोस गेलैं दुइ कोस गेलैं सीता के लागल

तरास, गोइ साजइन, हाय रे–हाय रे सीता के...।
हँाथ जोड़िये करी सीता बिनती करैं, अब देवर
लागल तरास, गोइ साजइन, हाय रे–हाय रे...
हँाथ जोड़िये करी लछुमन विनती करैं
पिहू भौजी एही जूड़ी पानी, गोइ साजइन।
एक घूँट पीअल दुइ घूँट पीअल रे सीता
परल सुख नींद, गोइ साजइन, हाय रे–हाय रे
लछुमन चललैं पराये, गोइ साजइन, हाय रे।

19

निम्नलिखित गीतों में प्रकृति का ध्वनि व्यंजक चित्र व्यक्त हुआ है। इनमें लय और स्वर–ध्वनि व्यक्त हुआ है।

(जशपूरिया)

रीम झीमी–झीमी पानी बरीस गेलैं नान्हीं नान्हीं
बूँद बरसलैं पनियाँ हो नान्हीं–नान्हीं
पनीयाँ बरसी गेलैं खोरी भाला शोइभ गेलैं
उइग गेलैं सोना ठीके इंजोरिया हो उइग गेलैं
घर भेलइ रनबन, नहिअर भेलइ दूरिया
दूर भेलैं, हामर मथूरा नगरिया हो, दूर भेलैं
हामके त्यागी मोही गेलैं
जदुपतिया हो अकबक, नींद आवे ना रतिया
हो अकबक, नींद आवे ना रतिया हो।

20

(जोड़ा)

बड़ रे जतन सयें जोड़ ली पिरीतिया हो
छुइट गेलैं हामर प्राण विपतिया हो, छुइट गेलैं
नहीं तो भेजल पाति, देली बिपतिया हो गुनी गुनी

हामर बीहरल छतिया हो गुनी गुनी...2
राउरी सुरती पिया, नहीं तो भुलाय दइया का कहूँ
से तो हृदे के बतिया हो का कहूँ।
डण्डा पातर पिया लकपक छतिया हो उर भाँझे
हीरा लवकल मोतिया, हो उर भाँझे हीरा...2
हाँथे कंकण चूरी, नाके बेसरिया हो,
मधुरसे पिया बोललैं बतिया हो, मधुरसे पिया...2
निंद्रा बेबस दइया सुतली हाम सेजिया हो
सपने में देखूँ पिया के सुरतिया हो, सपने में
देखूँ पिया के सुरतिया हो, सपने में।

21

(जोड़ा)

ऊँचा टोंगरीया नीचे चटनीयाँ हो, ताही–ताही
बांसी बाजे कुबलीया, हो ताही–ताही
बंसीया शबद सूनी नींद नहीं आवे दइया
जाइग गेलैं, हामर सुतलो साँवर दइया
जाइग गेलैं हामर सुतलो साँवर...
छोटे–मोटे बंसीया, लाम्बी–लाम्बी पोर दइया सेइयो
बांसी, बाजे बड़े उदमाद दइया सेइयो बांसी
छुइट गेलैं जाइत कुटुम्ब छुइट गेलैं गोतिया
हो छुइट गेलैं हामर कोरा के लड़िकवा हो
छुइट गेलैं हामर कोरा के लड़िकवा...

22

(दूसर राग)

हो हो नागर नटबरे, बृन्दाबने खेलैं जदूबरे
नागर नटबरे। बृन्दाबने खेलैं...

बान्धलैं टेढ़ा चूड़ा उपरे मालती बेड़ा नागर...
ललाटे कौस्तूभ मणि लवके नागर नटबरे
माथे मुकुट शोभे, काने कुण्डल डोले नागर नटबरे,
गले बैजन्त्री माला लोरे, नागर...
मूँगा मोती शोभित ब्रजपतिक आमरण नागर नटबरे,
ढूरी–ढूरी बंसी बजावैं नागर नटबरे।
छोटे–मोटे कृष्ण जी मुठ भरी डण्डा नागर नटबरे,
गोपिन संगे खेलैं जदुबरे नागर नटबरे,
गोपिन संगे...
केहू पींधै लाल साड़ी केहु पींधै पीअर नागर नटबरे,
बृन्दावने दिसैं हरी अरे, नागर...
सबरे देवता मिली देखी के मोहीत भेल नागर...
राखु शरण विनती हमारे, नागर नटबरे...

23

हाय रे–हाय रे जमुना जल पगुढारी
हैरे चन्द्रबदनी सुकुमारी, जमुना जल...2
कर जोरिये करी नाँगासने बइठैं नीर मंजन
करत नारी, हाय रे दबकी देखलैं बनवारी
जमुना जल पगुढ़ारी। चटके गेठरी धरी कदम्ब
चढ़लैं हरि, बंसरी के ललकारी, हैरे लजीत
भयेलैं सब नारी, जमुना जल पगुढारी।
हैरे चन्द्रबदनी सुकुमारी, जमुना जल...2
साही हरिहर मन, श्री गोबिन्द दरशन
ललचीत चित भारी, हैरे कृपा करू
मुकुन्द मुरारि, जमुना जल पगुढारी
हैरे चन्दबदनी सुकुमारी, जमुना जल पगुढारी।

24

जोड़ा राग

हाय रे–हाय रे तेजी के मथुरा प्रभू गेलैं
बहूरी नहीं आलैं। बाली उमरी हाम राखली
जतने बहूरी नहीं आलैं, हैरे तरुणी समये
दगा देलैं बहूरी नहीं आलैं।
कतनो कहली हाम किछु ना सुनलैं।
बहुरी नहीं आलैं हैरे
कइसे के कुबरी बसी, भेलैं बहूरी नहीं आलैं
चीत करे अकबक रूप नहीं भूले,
हैरे मोहनी मुरती नयना झूलैं, बहुरी...
नबीन साय कही कही मनके बोधलैं
बहुरी नहीं आलैं, हैरे इसन निर्मोही
प्रभु भेलैं, बहुरी नहीं आलैं,
हैरे तेजी के मथुरा प्रभु गेलैं
बहुरी नहीं आलैं।

24

ए साजइन साजइन ए साजइन, साजइन साजइन
ए साजइन, नबीन पिरती भेल जमुना के जाला
गोइ साजइन।।1।।
बालपने एके ठने रही संगे
दुनों झने साजइन, ए साजइन
तरुनी तमाल तने तेजी गेलैं काला गोइ साजइन।।2।।
नबीन पिरती करी काहे देलैं चित तोरी साजइन, ए साजइन
अटकी रहलैं जाय नन्दजी के लाला गोइ साजइन।।3।।
घाँसी अधम कहे इसन उचित नहीं, साजइन

ए साजइन पिरती लगाय दिला तोइर देलैं
काला गोइ साजइन।।4।।

25

सुन भेला गोकुला गोविन्द कहाँ गेलैं गे दुती
नीक नहीं लागत, अकेला गे दुती, नीक...2
चार पहर निशी नींद नहीं आवे, गे दुती
झिंगुरी दादुली के शोर, गे दुती झिँगुरी...2
सावन बूँदा बरीसे अटम ठेल गे दुती
मारत मदन उर शेल गे दुती, मारत मदन...2
जमुना डहर में जे फुल पहिराली भाइ दुती
दगा देइये हरि लेल फूल भाइ दुती...
अपने तो जायके कुबली संगे रितल भाइ दुती
हाम भेली कुकुर के तुल गे दुती, हाम भेली...

26

निम्नलिखित पाँच गानों में महादेव की स्तुति हैं; इन्हें झूमर नृत्य प्रारम्भ करने से पहले आकर नृत्यारम्भ किया जाता है। इनमें एक बासुदेव राय, और एक जगरनाथ की स्तुति है। इन्हें थापइर कहा जाता है।

(थापइर)

आजू महादेव घरे घर भूलिहैं गे सजनी
लोरी लानलैं बेलपात, गे सजनी...2
माँगी जाँची लानल पइला दुइ धान गे सजनी
बाघे छैले देलैं छिरीयाइ, गे सजनी...
घाँटी छुटिये गौरा चललैं नहाये गे सजनी...
बसाहा बरद खइलैं धान, गे सजनी...
का लइये राँघब का लइये पोरसब गे सजनी
का लेइये जाबइ शिव पास, गे सजनी

का लइये जाबइ शिव पास
दुध लइये राँघब, घिउवा लइये पोरसब,
सजनी पाने फूले जाबइ शिबा पास गे सजनी
पाने फूले जाबइ शिबा पास

27

कवहीं बासुदेव जनम तोहार तो
सुन्दर हरि बासुदेव राय,
हैरे कवहीं लेल अस्थान,
सुन्दर हरि बाँस देवरा।
सेहिजने बासुदेव जनम तोहार तो, सुन्दर...
हैरे गढ़रे कोराम्बे अस्थान, सुन्दर...
केहु जे गछल सोन केर चन्दवा तो, सुन्दर...
हैरे केहू गछलैं पान फूल, सुन्दर हरि...
राजा जे गछलैं सोन कर चन्दवा तो, सुन्दर
हैरे रानी गछलैं पान फूल सुन्दर हरि
राजा के पलटल पाइलकोट के गढ़िया तो, सुन्दर..
हैरे रानी के पलटल कोख, सुन्दर हरि...
अन्धरा के आँइख देल, कोढ़िया के काया देल
सुन्दर हरि बासुदेवराय,
हैरे निर्धन के धन देइये देल,
सुन्दर हरि बाँस देवरा।

28

नदिया अर रे दुबी चाँचइर, ए सखी महादेव
लावल फूलवारी तो, ए सखी महादेव...2
महादेव लावल फूलवारी तो, ए सखी..
पारबती फूला लोरे जाइ तो, ए सखी...

पारबती फूला लोरे जाइ, तो ए सखी महादेव पारल गारी।
पारल गारी। महादेव पारलैं गारी तो, ए सखी
पारबती रूसल जाये तो, ए सखी पारबती रुसल जायं।
अहरू बहरू रउरे पारबती, ए सखी अनधन
लक्ष्मी तोहार तो, ए सखी अन्न धन...।

29

केकर लगीन शेवली शिब शिबराइत हो...2
केकर लगीन सेवली जय जगरनाथ हो...2
सइयाँ लगीन सेवली शिब शिवराइत हो...2
भइया लगीन सेवली जय जगरनाथ हो...2
अन दिहा धन दिहा, दहि अहिवात हो...2
आउरो ना दिहा शिब, सइतीनीके साल हो
सइतीनीक साल शिब सहलो ना जाय...2

30

कहाँ जनम लेल चाँद सुरुज, हरि नागइर
कहाँ जनमैं जगरनाथ, हरि नागइर कहाँ...2
सरगे जनम लेल चाँद सुरुज, हरि नागइर
धरती जनमैं जगरनाथ, हरि नागइर...2
कहाँ उतारब चाँद सुरुज, हरि नागइर
कहाँ उतारब जगरनाथ, हरि नागइर कहाँ...2
पलंके उतारब चाँद सुरुज, हरि नागइर
अंचरे उतारब जगरनाथ, हरि नागइर अंचरे...2
कारे खिआयेब चाँद सुरुज, हरि नागइर
कारे खिआयेब जगरनाथ, हरि नागइर कारे...2
दुध पियाब चाँद सुरुज, हरि नागइर
लडू खिआयेब जगरनाथ, हरि नागइर...2

31

धन धन धन धन धन बइसी दादूली, नींद के मातल
पिया सपने देखली गोइ साजइन, ए साजइन नींद...
गले चन्द्रिका हार नेपूर रुनू झुनु साजइन ऐ साजइन दबकी छपकी
कृष्ण बइठलैं पलके गोइ साजइन, ए साजइन
दबकी छपकी कृष्णा बइसलैं....
उठु उठु राधा, झारहू पयर धूर साजइन, ए साजइन राउरी पलंके
राधा होइलो घुमइला गोइ साजइन, ए साजइन
राउरो पलंके राधा होइलो धुमइला गोइ साजइन
सेइ सूनी राधा कृष्ण रगड़ी उठैं कहाँ लावली देरी
मेटल तिलक रोरी, छुटल पसेना गोइ साजइन
ए साजइन मेटल तिलक रोरी छुटल पसेना गोइ साजइन
राउरी किरिया राधा पिता के दोहाइ गोइ साजइन
ए साजइन गाछ कदम तरे, रास रचावली
मेटल तिलक रोरी छुटल पसेना गोइ साजइन
राउरी किरिया प्रभु हाम पतीआवली, अन्त के
कपट बात दिल से ना छुटेगा गोइ साजइन
ए साजइन अन्त के कपट बात
दिल से ना छुटे गोइ साजइन।

32

जात जमुना जल नटबरे, रोकी रहल डहरे...2
कहलो ना मानैं बात, पुछलो ना मानैं बात, बड़ हंठ
ठानैं लाल ए सुन्दरी, अबकी जबान दिल राखू प्यारी
फेरी ना बसब नगरी, अबरी जबान दिल...2
गावत यदुपति कइसे लिखबैं गति, खेइल उसरी
जखन खेइल उसरी, जय बेनी माधो के दर्शन लेती
सेइ सुनी नागिन लोरे, जय बेनी...

चीर झारी पाटी पारी खोयंछा में फूल धरी
फूल पहिरी, जखन फुल पहिरी, बाजत ताल औ
डलडंफा नाचत नन्द छोकरी,बाजत...2

31

गोकुल नगरिया जमुना डहरिया डहरिया, ए गोइ रोकी
रहलैं बनवारी, झाँखलैं ब्रजनारी, ए गोइ रोकी...2
छोड़ू छोड़ू हरि जी हामरो डहरिया डहरिया, ए गोइ सासू
नन्द देबैं गारी झँखलैं ब्रजनारी, ए गोइ...2
सासू के देब साँवइर लील रंगल सारी, ए गोइ
नन्दी के देबइ अधिकारी, झखलैं ब्रजनारी...2
फोइर देलैं चूड़ी, फारी देलैं सारी, एहे गोइ
फाइर देलैं लील पट सारी, झँखलैं ब्रजनारी, ए गोइ
एतना बचन जब सुनलैं मुरारी, ए गोइ
धरी–धरी रचलैं धमारी, झँखलैं ब्रजनारी, ए गोइ

32

उपरे जे कान्ह कृष्णा बंसी लगाय रे, नीचे तो साँवरो नहाय
जे, एहे गोइ नीचे तो साँवरो नहाय रे।
केकर होकी रउरे बेटी बहिनी रे, केकर कनेयाँ कुवाँर
जे, एहे गोइ केकर कनेयाँ कुँवार जे
बाबा कर हेकी हाम बेटी बहिनी रे, छैला कर
कनेयाँ कुँवार जे, एहे गोइ छैला कर कनेयाँ कुँवार
जब रउरे हेकी कनेयाँ कुँवार रे, हामर संगे
जोरू न पिरीत रे, एहे गोइ हामर संगे जोरू न पिरीत
गाँव घरे रहती जोरती पिरीत रे
आन गाँवे कइसन पिरीत गे
एहे भाइ दुसर गाँवे कइसन पिरीत जे।

33

हरि के आवन हाल सुनली एखने, गे साजइन।
आबैं कती खने, गे दूती आबैं कती खने।
रगड़ली चूआ चन्दन डुमा में उठाली...2
फूल कुम्हलाय गेल सुखल चन्दने गे साजइन
आबैं कती खने, गे दूती आबैं कती खने।
बारली कपूर बाती जागली सगर राती...2
नींद ना आवत श्याम, हेरैं खने खने गे...2
हाँथे रूमाल लाल तिलक शोभे रोरी 2
मुख भरी पान खालैं, सुरती कसइली गे साजइन
आवैं कती खने, गे दूती आबैं कती खने।
एखने देखली हाम, गोपिनी के झुंडे–झुंडे
छल करी बोलैं बात मधुरी बचने, गे साजइन...2

34

(जोड़ा)

हरि के आवन हाल सुनली श्रवने, गे साजइन
नहीं आलैं नन्द के नन्दने, गे साजइन अटकी रहलैं कोन ठने...2
गाँथली पूहुप हार, राखली जतने, सेहो कुम्हलाय
गेल कालीया इसने, गे साजइन, नहीं आलैं...2
कपूर सोपारी पान राखली जतने, सेहो उदसाय गेल
बेरथ भवने गे साजइन, अटकी रहलैं कोन ठने,
गे साजइन नहीं आलैं नन्द के नन्दने गे साजइन अटकी।

35

का कहूँ सजनी समये गेल भोर जे पिया मोर कठिन कठोर
एहे गोइ पिया मोर कठिन कठोर जे।

कुबजा के बड़ा जोर जुगुत पिरीत जे,
एहे गोइ अरुझी रहे नन्दकिशोर जे।
छुटते न छुटे नेह नहीं मिले ओर जे,
एहे गोइ प्रेम इसन मिले नहीं ओर जे, एहे गोइ...
गुपती पिरीती कथा मती करू शेर जे, एहे गोइ
गुनी–गुनी घाँसी ढरकत लोर जे, एहे गोइ गुनी गुनी...

36

हो हो रे गोइया समूझी द्रिग बहे बारी, धरे नखैं
मुकुन्द मुरारि समूझी द्रिग बहे बारी, धरे नखैं
चढ़ल आसाढ़ घटा घन अँधियारी, समझी द्रिग बहे बारी
झींगुर दादूली झनकारी समझी द्रिग बहे बारी...
श्याम बिहून सखी नीपटे दुखारी, समझी द्रिग...
धीजा धरू आबैं बंसीधारी, समझी द्रिग...
घाँसी अधिन दीन कहत पुकारी, समझी द्रिग...
जग में रहना दिन चारी, समझी द्रिग बहे बारी, धरे जखैं
मुकुन्द मुरारी, समझी द्रिग बहे बारी।

37

कहाँ से आवैं मनमोहन रे, सुनहू ब्रजनागर, सुनहू...2
ए हो कहाँ से आवैं नन्दलाल सुनहू ब्रजनागर,...
पुरबे से आवैं मनमोहन रे सुनहू ब्रजनागर, ए गोइ
पच्छिमे से आवैं नन्दलाल सुनहू ब्रजनागर,...
कहाँ उतारब मनमोहन रे सुनहू ब्रजनागर, ए गोइ
कहाँ उतारब नन्दलाल सुनहू ब्रजनागर...
दुवारे उतारब मनमोहन रे सुनहू ब्रजनागर, ए गोइ
गढ़ रे उतारब नन्दलाल सुनहू ब्रजनागर,...
कारे खिआयेब मनमोहन रे सुनहू ब्रजनागर, ए भाइ

कारे खिआयेब नन्दलाल सुनहू ब्रजनागर,...
दुधरे पिआयेब मनमोहन रे सुनहू ब्रजनागर, ए भाइ
छाँछी खिआयेब नन्दलाल सुनहू ब्रजनागर,...

38

कृष्ण कदम तर बंसिया बजायें रे, बाजा सुइन, सजनी गे
एकसरे नींद नहीं आवे, भला बाजा सुनी, सजनी गे
मिलहूँ गे सखिन सब झन दुइ चारी चलू जाब सजनी गे
चली जाबैं बंसिया बजाय, भला चलू जाब सजनी गे
छोड़ू–छोड़ू कृष्ण जी हामरी अंचरिया, हामें जाब सजनी गे
राधा रानी खेलत मुराइर, भाला हामें जाब...
अहीरा मुरुख जात, नहीं बूझे एको बात,
धरी–धरी सजनी भाइ दिल में
राखलैं बैमान, भाला धरी–धरी सजनी गे दिल।

39

जोड़ा

कृष्ण कदम तर ठाढ़ रहैं एकसर
पन्थ पर सजनी भाइ, हाँसी–हाँसी बोलत जबान
सखिन ठने माँगे दधि दान
भला बृक्षातर सजनी भाइ, सखिन ठने माँगे
कुँडूवा उताइर देल, धरणी मड़ाय देल...2
बृक्षातरे सजनी भाइ...। चोली बन्दा फाइर देल
बेसरी अरुझाय देल, बृक्षातर सजनी भाइ
सखिन ठने माँगे दधि दान।
आखिर अहीर चोर बूझैं नहीं एको बात...2
हरि हर सजनी रे
दिल में बसल बेइमान भला हरिहर सजनी
दिल में बसल बेइमान।

40

चलहूँ बेचन दधी मथुरा नगरे, ए गोइ सबरे सखिन
नटवरे गोइ नन्द के नन्दने, एहे गोइ सबरे...2
चढ़लैं कदम पर जमुना किनारे...2 ए गोइ बंसरी
टेरत जदुबरे गोइ नन्द के नन्दने, ए गोइ बंसरी...2
तारेलैं मोतीम लर गिरलैं रतने...2 ए गोइ
चोलिया मसइक गेलइ तने गोइ नन्द के...
आवत हैं सखीन सब, प्रभु के निहोरे...2
एहे गोइ गही प्रभु अंचरा किनारे गोइ
नन्द के नन्दने, ए गोइ गहि प्रभू...2

41

दस गोपिन आगे चलैं दस गोपिन पीछे रे, दस गोपिन चललैं
नहाय रे, हाय रे हाय, दस गोपिन चललैं नहाय रे।
चीर अभ्रण सब दिहलैं उताइर रे जमुना दहे
डुबकी नहाये रे, हाय रे हाय, जमुना दहे...2
पट के मोटरी धरी नन्द के नन्दने रे कदम चढ़ी...
बंसिया बजाय रे, हाय रे हाय, क़दम चढ़ी....
सेइ सुनी गोपिन सभे देखैं, जने तने रे, सूनी
राम निरखीं जलायें रे, एहे गोइ सुनी राम...
बंसिया शबद सुनी सात सै गोपिनी धावैं
राखू प्रभु बिनती हमार जे, हाय रे हाय राखू...
नहीं देवैं बसन भाइ नहीं देवैं बंसुरी
निरमोही राखलैं लोभाय रे, एहे गोइ निरमोही राखलैं लोभाय जे।

42

कहल घिटकी घुमइर माँदर बाजे लो बन में भाइ
दुइ रे झने, कहल घिटकी घुमइर माँदर बाजे लो...
टोंगरी का तरे–तरे बुनलों मोंय मुगिया भाइ, टोंगरी...2

हरिना मृगा चरी जाय लो, बन में भाइ दुइ रे झने...2
बरजू गे जशोमती अपने मिरीगवा भाइ–भाइ मारबूँ धनुषा
चढ़ाय लो बन में भाइ दुइरे झने, कहल घिटकी...2
बारी जे रहतक घेइर घोइर के राखती भाइ...2
कुइयाँ घेरलो नहीं, जायलो बन में भाइ...2
बालक जे रहतक ठइक बोइध के राखती भाइ...2
छैला बरजलो नहीं जाय लो, बन में भाइ...2

43

मोहन मधुपूरे करलैं पयान गोइ सेइयो दिने रे
नयन बहे लोर गोइ सेइयो दिने रे नयन...बहे लोर
माय बिनु माया, बस्तर बिन चण्डाल गोइ, नयन बिनु दिसे
दुनिया अँधार गोइ नयन बिनु। जल बिनु माछ जतन
बिनु फूल गोइ, दीप बिनु, दिसे भवना अंधार गोइ...
अन्न बिना प्राणपति पिया बिना नारी गोइ...
तेल बिनु दिसे निपटे बेहाल गोइ तेल बिना
दिसे निपटे बेहाल गोइ तेल...बिनु
दीसे भवन आंधार गोइ दीप बिनु

44

का करे गेली बनरे बृन्दा रांगा मातल गुंजइर गे
का करे गेली जमुना रांगा मातल गुंजइर गे
पात तोरे गेली बनरे बृन्दा रांगा मातल गुंजइर गे
जल भरे गेली जमुना रांगा मातल गुंजइर गे
कइसन करे बनरे बृन्दा रांगा मातल गुंजइर गे
कइसन करे जमुना रांगा मातल गुंजइर गे
सल सल करे बनरे वृन्दा रांगा मातल गुंजइर गे
झिकमिकि करे जमुना रांगा मातल गुंजइर गे।

45

देबी के महिमा बड़ा जोर, सुनब शंख धुइन बोले
देबी के महिमा बड़ा जोर सुब शंख धुइन बोले
केहू चढ़ावलैं अच्छत चन्दन, केहू चढ़ालैं बेलवांत
सुनब शंख धुन बोले गोइ देबी....
पण्डा चढ़ावलैं अच्छत चन्दन, 2 यात्री चढ़ालैं
बेलवांत सुनब शंख धुन बोले गोइ....
कइसन करे अच्छत चन्दन, कइसन करे
बेलवांत शंख धुन बोले गोइ देवी...
मह–मह करे अच्छत चन्दन...2 सल–सल करे
बेलवांत सुनब शंख धुन बोले गोइ देवी...

46

आम्बा डाँड आम्बा डाल करले गे साँवरो
आम्बा डाँड कइसन मैदान जे, एहे गोइ आम्बा डाँड...2
काटी कुटिये राजा करल मैदान जे, पखल चुनिये
गढ़ लेल रे एहे गोइ पखल चुनिये गढ़ भेल जे।
सेइयो चढ़ी देखैं, राँतू महाराज साहेब, भला गढ़
बनल हमार जे, एहे भाइ, भला गढ़ बनल हमार जे।

47

सिंहभूई कर सिन्ध राजा भेल बयेमान, दइया बन्ध गावें
राजा भेल छितीछान दइया बन्ध गावें, राजा...
हाँथ लेलैं लोटवा हो, काँधे लेलैं गमछा, चइल भेलैं राजा
गंगा असननियाँ हो चइल भेलैं, राजा गंगा असननियाँ...
नहाये धोवे राजा भेल समतूल दइया, करे लागल राजा
दक्षिणा दान, दइया करे लागल। ब्राम्हन के अन्न धन,
घटवार के सोना दान, भगिना के सोना, सोने भण्डार

दइया भगिना के। सेइ सुनी के लाल दरोगा मन में
बिचार करैं, चट बेगी राजा खूँटी चलान दइया
चट बेगी। उड़े लागल घोड़वा, चमके असवारिया हो
उड़े लागल सोना, राँची शहर दइया उड़े लागल
सोना खूटी शहर दइया उड़े लागल।

48

गुड़ गुड़ी चूआँ पाताल बसल पनियाँ, झूकी झूकी
साँवइर भरल धइलवा, हाय रे हाय, झूकी झूकी साँवर
एहे पाँडे आवत होबैं राजा के सिपहिया, पी लेहू रे शीतल
जूड़ी पनियाँ हाय रे हाय, बइठ लेहू रे कदम जूड़ी छहियाँ
कइसे के पियब राउर छुवल पनिया, मोरे घरे आहैं
अलपतक रनियाँ, हाय रे हाय, मोरे घरे आहैं...
अलपतक रनियाँ के नइहर पइठाय देउ, हामें रउरे
रहब नागपूरक हटिया, हाय रे हाय, हाम रउरे...
नागपूरक हटिया बड़ी रे, बिकटिया खेदी खेदी
मूड़ा काटे सिपहिया, हाय रे हाय, खेदी खेदी...2

49

रबि रबि गे दूती भींजत अंगिया बोलत पपिहा, प्राण
सालत छतिया, रबि रबि गे दूती...2
रंग–बिरंग के सेज तूरइया...2 सेज परे गे दूती
नींद न अवइया, बोतल पपिहा प्राण सालत छतिया
रबि रबि गे दूती भींजत अंगिया बोलत...2
जे मोके लाइन देइ पिया के बतिया, सेके देबूँ गे दूती
तरकी खंभीया बोलत पपिहा प्राण सालत छतिया।
रबि रबि गे दूती भीजंत अंगिया बोलत...2
कहत हरिदास तरकी खंभीया...2

ब्रजपूरे गे दूती लाइन दे मोर पिया
बोलत पपीहा, प्राण सालत छतिया, रबि...

50

पाइल कोटक पनियाँ, राम दतुनियाँ, हो घुघटाहीं
पिया करीले दतुनियाँ हो घुघटाहीं
काँचा तोर काठी आहे, काँचा तोर चूल्हा आहे
भीरे–भीरे रे रांघल ननददोसिया हो भीरे–भीरे–रांघल
सबय कर खटिया, खिजूर केरा पटिया हो, भीरे–भीरे
रे सूतल नन्दोसिया हो भीरे–भीरे रे सूतल...
तोहें तो नन्दोसिया, डीठ करब छतिया हो
राउर बदे हामे भेली कुजतिया हो राउर बदे...2

51

ऊँच–नीच टोंगरी में पड़ल चटान जे, तहाँ साँवरो
कुटे लागल धान जे, एहे गोइ तहाँ साँवरो...
थोरे जे कुटे बहुते छीरी आय रे, जने तने नजरी
चलाय रे एहे गोइ जने तने नजरी चलाय जे।
बारहो बरिसे पिया आय गेलैं घर जे, पड़ोसिनी
माँगल उधार जे, एहे गोइ पड़ोसिनी माँगल उधार जे।
तेल उधार भउजी नून उधार गे, बालमू कइसन
उधार जे एहे गोइ बालमू...2 मँगनी के संखा चूड़ी
मँगनी कर टाड़ जे, मँगनी कर कइसन सेन्दूर जे
एहे भाइ मँगनी...के कइसन सेन्दूर

52

हो घना माँजरी, घना माँजरी, कहाँ बीराजल जायें हो...।
ससुराइर से गोरी बेटी रूसल जाय, घना माँजरी...
नहिअर बीराजल जायें हो घना माँजरी, घना माँजरी

एक कोस गेलैं, दुई कोसा गेल घना माँजरी घना
तीन कोसे घोड़ा तो दउड़ाये, हो घना माँजरी घना
लूइट लेलैं मोटा झोटा, लूइट लेलैं, छउवा पूता
हो घना माँजरी, घना माँजरी, घुमरी घुमरी ऐंडक
माउर हो घना माँजरी, घुमरी–घुमरी ऐंडक माउर...।

53

जब रही गाड़ार गुडूर तब मारी केरकेटा, अब मारी
तीलकी पंडकिया रे मोर भाला लासा टँगिया, अब
जीरा जवाइन मेसा, रसुन प्याज पीसा...2
बड़ मीठा लागलइ पंडकीया रे मोर भाला लासा
झोर झार बेसे भेल बाबू के बाप रीझे भेल
बीहान बदे रखिहा पंडकिया रे मोर
भाला लासा टँगिया। बीहान बदे रखिहा
पंडकिया रे मोर भाला खाला टँगिया।

54

(ठंडिया) कृष्ण लीला

जमुना के रट घट कदम का छहियाँ, कदम का छहियाँ
सूना भेलइ आइझ गोकुला नगरिया गोइ सूना भेल।
चित करे अकबक, उठत लहरिया, उठत लहरिया।
हरि बिनू आइझ अटके झूमरिया गोइ हरि...2
हमतो अबला नारी, अलप सुन्दरी नारी, अलप सुन्दरी...2
कोने गुने भेलैं कुबली पेयरिया गोइ कोने गुणे भेलैं...2

55

(ठंडिया)

नन्द दुलरा सखी जीवन मोरा कि, नन्द दुलरा...2
जमुना किनारे कृष्ण लाली हिंडोला..., अरे वेही परे झूलैं

राधिका मोरा कि नन्द दुलरा, नन्द दुलरा सखी जीवन मोरा।
तीन कोसक बीचे बइठैं बालमू मोरा...
झीका झोरी तोरी देलैं, मोतिम लोरा कि नन्द दुलरा
बालकपने कृष्ण लेहली हम कोरा अरे सेइयो रे
बालक मोर घूँघटन खोला कि नन्द दुलरा।
पान सुपारी बीड़ा लवंग भेलैं थोरा अरे सुरती
चण्डाल बदे करली निहोरा कि नन्द दुलरा
नन्द दुलरा सखी जीवन मोरा कि नन्द दुलरा
कीनली जहर विष, खाली हम थोरा–थोरा
अरे अँचरे ढरकी परे नयन के लोरा कि नन्द
दुलरा नन्द दुलरा सखी जीवन मोरा कि नन्द दुलरा
श्री सूरनाथ साह झूमरी जोरा, श्री सूरनाथ शाह
झूमरी जोरा, अरे इसन सुन्दर बर जाती अहीरा
कि नन्द दुलरा, नन्द दुलरा सखी जीवन मोरा

56

जखन प्रभु बंसरी जब टेरैं, सूर नर मुनि लोइट परैं
ब्रम्हा जी के हरल ग्यान शिबजी के हरल ध्यान
जमुना जी बहत गम्भीरे, जखन प्रभु
बंसरी जब टरैं, गोइ सुर नर मुनि लोइट परैं।
गइया ना बइठे थीर, बछरु ना धरे क्षीर...2
पशु पंक्षी उड़त आकाशे, जखन प्रभु...

57

तेबरी पाते धान सुखाय, जीरा जोधनी, जीरा जोधनी
गेरबा तो हेरी जोही खाय, हो जीरा जोधनी।
का तोहें गेरवा, हेरी जोही खाय, जीरा जोधनी
मारबूँ धनुका चढ़ाय, हो जीरा जोधनी।
का तोहें मारबे धनुष चढ़ाय जीरा जोधनी

उड़बूँ पंछी लगाय हो जीरा जोधनी
खोजबू मनूखा लगाय हो जीरा जोधनी।

58

समये जाइन गोरी करहूँ सिंगार गोइ समये जाइन...2
फूल लोरे गेली मालिन सोन फुलवरिया...2 फूल केरा
हार मालिन रहली छिपाय गोइ समये जाइन...2
सेइ फूल बिनी बिछी गाँथलों मोयं हार
पीठ परे फुदना फुकती परे हार गोइ समये जाइन...
सास मोरा दारूनी बेनिया डोलाय...2 तुलसी पतइया
लेले किरिया खिआय गोइ समये जाइन, समये...
लीली हो लीली घोड़ा लील असवरिया...2
सेइयो चढ़ी आवत होबैं सामी हमार गोइ समये
जाइन, समये जाइन गोरी करहू सिंगार गोइ समये...2

59

कृष्ण लीला

आच्छा बछवा गे सुन्दइर मारे जोड़ा लाय, बंसिया
सबदे मन हूलसेला...2 कोन बने अहीरा रे
गइया रे चरावले...2 कोन बने रे अहीरा
पनियाँ पिआय, बंसिया सबदे मन हुलसेला, आच्छा...2
रनबने अहीरा रे गइया रे चरावले...2
कमल दहे रे अहीरा पनियाँ पिआय बंसिया सबदे
मन हुलसेला, आच्छा बछवा...
गाय लउटावे लउरी ओंठगावले...2 ढूरी–ढूरी रे
अहीर बंसिया बजाय, बंसिया सबदे...2
गोर देखी अहीरा रे मन मुसुकावले, साँवर देखी रे
अहीरा, मसला चलाय, बसिया सबदे...आच्छा...2

60

लझरी लझरी बूँद परे के रे भींजलैं ओइर तरे गोइ लझरी...
केकर भींजे लाली पगड़िया केकर भींजे लाइम केंसे
छैला कर भींजे लाली पगड़िया लझरी लझरी बूँद...
साँवरो कर भींजे लाइम केंसे, गोइ लझरी–लझरी बूँद परे
कहाँ सुखायब लाली पगड़िया, लझरी–लझरी बूँद परे
कहाँ सुखायब लाइम केंसे गोइ लझरी–लझरी बूँद परे
रउदे सुखायब लाली पगड़िया, लझरी–लझरी बूँद परे
हृदे सुखायब लाइम केंसे गोइ लझरी–लझरी बूँद परे
चुनी चुनी बाँधब लाली पगड़िया लझरी–लझरी बूँद परे
चीरी झारी बाँधब लाइम केंसे गोइ लझरी–लझरी बूँद परे

61

जइसने इंजोरिक राइत तइसने बदन राउर चम्पा बरन
अंग राउर जे एहे गोइ चम्पा बरन अंग राउर जे।
चम्पा बरन देखी, रहली लोभाय जे, छोड़ इते लागे माया
मोह जे एहे गोइ...2। बड़े जीउवा जाइन कये जोरली
पिरीत भाइ, बड़े जीउवा बड़े बयेमान जे, एहे गोइ बड़े
जीउवा बड़े बयेमान जे। ई काया माया के नखे
विश्वास जे बड़ लोग बड़े बयेमान जे, एहे गोइ
बड़े लोग बड़े बयेमान जे।

62

आरू हो रोपल सारू हो रोपल, ए झिलमिलिया भाइ
बोदी में लरंग चढ़ाये, भला ए झिलमिलिया भाइ बोदी...2
कान्दा गुरुवा लागे, पेचकी पीछर लागे, ए झिल...
बोदी में मसला दिया, भला ए झिलमिली...2
मडुवा अढ़ाइ दिन, गोंदली महीना दिन, ए झिल...

गोडा तो गेलैं सरदाय, भाला ए झिलमिलिया भाइ
गोडा तो लेलैं सरदाय। गोंदली सगाइ भेल मड़ुवा
बरीयात गेल, भला ए झिलमिलिया भाइ, कुरथी तो
ढोलकी बजाय भला ए झिलमिलिया भाइ ''   ''

63

कवन काठ केर मन्दरा छरावाल रे हाय रे काला
कवने मिरीगा के छाल रे हैरे काला कवने...
चन्दन काठ के मन्दरा छरावल रे हैरे काला हरिना मिरीगा
के छाल रे हैरे काला हरिना मिरीगा के छाल रे।
सेइ मान्दर ठोकल राम हो लछुमन हाय रे काला
खोइर माँझे लहसत जायें रे हाय रे काला खोइर माँझे...2
जे मोके पार करी सेके देंबू मोहर माला हैरे काला
आउर देबू मधुरी जबान रे हाय रे...2 सुखल काठ दइया
डगमग करे रे हाय रे काला भरमे सरमे भेली पार
जे हाय रे काला भरमे सरमे भेली पार जे।

64

कलगी गोइ राइज मोहनी गोइ केरे आनलैं गेंदा बान फूल
के मोरा लानल सोन के कलगिया तो कलगी गोइ...
केरे आनलैं गेंदा बान फूल कलगी गोइ राइज मोहनी
भाइ मोरा लानल सोन के कलगिया तो कलगी गोइ...
सइयाँ लानलैं गेंदा बान फूल कलगी गोइ राइज...
के मोरा पींघल सोने के कलगिया तो कलगी गोइ
राइज मोहनी गोइ, के रे पहिरलैं गेंदा बान फूल
कलगी गोइ राइज मोहनी गोइ, केरे परिहलैं
भउजी मोरा पींघल सोन के कलगिया तो कलगी गोइ
राइज मोहनी गोइ हाम हें पहिरबइ गेंदा बान फूल

कलगी गोइ...2 टुटी फाटी जातइ सोन के कलगी
तो कलगी गोइ राइज मोहनी गोइ, झमकी रहतइ
गेंदा बान फूल कलगी गोइ राइज मोहनी गोइ।

65

के मोरा लानल बाज बैंगन पंइयरी तब, ए नागर काला
के रे लानलैं परकाला तब ए नागर काला केरे
लानलैं परकाला। भाइ मोरा लानल बाज बैंगन पंइयरी
तब ए नागर काला सइयाँ लानलैं परकाला तब
नागर काला सइयाँ लानलैं परकाला। के मोरा
पींघल बाज बैंगन पंइयरी तब ए नागर काला केरे
देखलैं परकाला, तब ए नागर काला...2
भौजी मोरा पींघल बाज बैंगन पंइयरी तब ए....
हाम हे देखली परकाला तो ए नागर...2
टुटी फाटी जातइ बाज बैंगन पंइयरी, तब ए नागर काला
झमकी रहतइ परकाला तब ए नागर काला...2

66

कवन चरइयाँ दहे गुंजरइ गे साँवरो
कवन चरइयाँ बोले राती, गे साँवरो,
मेंजूर चरइयाँ दहे गुंजरइ गे साँवरो, गूण्डरी की चरइयाँ
बोले राती गे साँवरो, गूण्डरी चरइयाँ बोले राती
केकर लेगीन अँगना बीरीन्दा भेलइ साँवरो
केकर लेगनी सइयोरे अँधार गे साँवरो
केकर लेगनी सेइयोरे अँधार।
पुतर लेगीन अँगना बीरीन्दा भेलइ साँवरो
सइयाँ बिनु सइयोरे अंधार गे साँवरो
मुचूरू–मुचूरू जूता बाजइ गे साँवरो

ठसरी ठसरी गीरे लोर गे साँवरो, ठसरी–ठसरी
गीरे लोर गे साँवरो, ठसर–ठसर गीरे लोर।

67

कहाँ से आवे कारी बदरिया ए भाइ, बीजुली चमके जीया
डरे रे भाइ नटबरे, ओ मोही जमुना बोलावे रे भाइ
पुरबे से आवे कारी बदरिया ए भाइ बीजली चमके
जीउवा रड़े रे भाइ नटबरे, ओ मोही जमुना बोलावे
रे भाइ नटबरे। दधी बेचे जात रही जमुना...
ए भाइ...2 हरे कृष्णा धरलैं अंचरिया रे भाइ नटवरे
छोड़ू–छोड़ू महाप्रभु हामरी अंचरिया रे भाइ...
मोरे घरे बालक अबोध बोलाय नटबरे...2
तोहरो के देब धनी लहर पटोरवा ए भाइ
बालक के देबइ धेनु गाइ रे भाइ नटबरे
ओ मोही जमुना बोलावे रे भाइ नटबरे।
आगी लगाऊँ तोरा लहर पटोरवा ए भाइ
बजर पड़तउ धेनू गइया रे भाइ नटबरे
ओ मोही जमुना बोलावे रे भाइ नटबरे
ओ मोही जमुना बोलावे रे भाइ नटबरे।

68

भले भले पाइलपत्र शहरे,
चहुँ दिसे घेरलैं पाहारे, पाइलपत्र शहरे...शहरे
बीचे चिन्तामणि सामराय हजुरे, पाइलपत्र शहरे।
श्री दसभुजा माय गिरि के उपरे, पाइलपत्र शहरे।
केहू चढ़ावलैं अक्षत चन्दन, पाइलपत्र शहरे
केहू चढ़ालैं गंगाजले पाइलपत्र शहरे।
पंडा चढ़ावलैं अक्षत चन्दन पाइलपत्र शहरे

यात्री चढ़ालैं गंगाजले, पाइलपत्र शहरे...2
कइसन करे अक्षत चन्दन पाइलपत्र शहरे
कइसन करे गंगाजले, पाइलपत्र शहरे...2
मह–मह करे अक्षत चन्दने पाइलपत्र शहरे...2
हर–हर करे गंगाजले पाइलपत्र शहरे...2
श्री दसभुजा माय करुणा सागरे पाइलपत्र शहरे...2
जोड़ी हाँथ नाऊँ माथ करबैं अभये
पाइलपत्र शहरे, जोड़ी हाँथ नाऊँ
माथ करबैं अभये, पाइलपत्र शहरे
चहुँ दिसे घेरलैं पहारे, पाइलपत्र शहरे
चहुँ दिसे घेरलैं...

69

(भजन स्तूति)

हो...पाइलपत्र गिरि पर बिराजैं गिरिनन्दिनी गोइ साजइन
हो पाइलपत्र गिरि पर बिराजैं गिरि नन्दिनी गोइ साजइन
कानन चहुँ ओर घेर तरुलता शोभीत ढेर...
प्रफूल्लीत मन फूली रहे, प्रफूल्लीत मन फूली रहे
अति शोभा पावन गोइ साजइन।
हो...पाइलपत्र गिरि पर बिराजैं...
झारखण्ड घोर बीकट, पन्थ नहीं कुछ सूझत सुपट
कन्दर गिरि मध्य भीतर...
बहत नीझंर धारन गोइ साजइन।
हो पाइलपत्र गिरि पर...
जाय भगत ध्यान धरत, भावहीं जब उन्हीं जपत...
झननन झनकारी रहे, झननन झनकारी रहे
शंख घण्ट बाजत गोइ साजइन हो...पाइलपत्र
नागवश भुपद्रिप नाथशाह भाखत हैं

नागवंश भुपद्रिप नाथशाह भाखत हैं
दुर्गे दुख दूरीत नाश, दुर्गे दुख दूरीत नाश
करैं शत्रू खण्डन गोइ साजइन।
हो...पाइलपत्र गिरि पर बिराजैं गिरिनन्दिनी गोइ साजइन।

70

यह एक पारम्परिक रचना है, नागवंशी राजा का बामड़ा राज्य की कन्या से विवाह के उपलक्ष्य में।

भले–भले बनइ बामड़ा शहरे नागवंशी, चललैं बरात
बनइ बामड़ा शहरे। कै सये साजलैं हाँथी रे घोड़ा
बनइ बामड़ा शहरे, कै सये लोग बरीआत
बनइ बामड़ा शहरे, कै सये लोग बरीआत बनइ...
दस सये साजलैं हाँथी रे घोड़ा बनइ बामड़ा शहरे
बीस सये लोग बरीआत बनइ बामड़ा शहरे...
भेल बीआह बर गोहबर गेल, बनइ बामड़ा शहरे
छुरी लगीन रूसलैं, दामाद बनइ बामड़ा शहरे
छुरी लगीन रूसलैं, दामाद बनइ बामड़ा शहरे
कै रे मोहर केरा छुरिया गढ़ावल, बनइ बामड़ा शहरे
कै रे मोहर केरा मूठ, बनइ बामड़ा शहरे...
दस रे मोहर केरा छुरिया गढ़ावल, बनइ...2
बीस रे मोहर केर मूठ बनइ, बामड़ा शहरे...
छुरिया जे टेकलैं मन मुसुकावल बनइ...2
हरखी चललैं बरीआत बनइ बामड़ा शहरे
नागवंशी चललैं बीआहे बनइ बामड़ा शहरे।

71

आम्बा महुवा डाइर हरीअर भेल, डारी डारी
कागा बोलये आइझ गोइ डारी डारी, कागावा...

देबूं रे कागाबा दही दूध भात
लानी देबे मोर पिया के बनार गोइ लानी देबे।
आगी लगाऊँ तोर दही, दूध, भात, नहीं मिले तोर
पिया के बनार गोइ नहीं मिले तोर पिया के बनार
झूठ बोले नउवा, झूठ बोले ब्राह्मन, सच बोले
उजे बन केर काग, गोइ सच बोले उजे बन केर...।

72

कृष्ण लीला

आच्छा गोकुला मोहीत भेल, एके बंसुरी सखी
राधे नगरी, आच्छा गोकुला मोहीत भेल...2
हाँथे कंकन चूड़ी, लाल गगरी गोइ...2 डंडे शोभये
बहू लील चूनरी, सखी राधे नगरी, आच्छा गोकुला
सीतला क़दम तरे बाईंह पकड़ी गोइ...2 अंचरा
धरिये कृष्ण करैं रगड़ी सखी राधे नगरी
सासू ननद घरे पूछैं खबरी गोइ...2 कइसे
फोरली बहू लाल गगरी सखी राधे नगरी
सावन भादो केर पीछर डहरी गोइ...2 हपटी
गीरली (परली) सासु फूटल गगरी, सखी राधे...
आछा गोकुला मोहीत भेल एके...

73

कृष्ण लीला

टेरत मोहन मुरली राधे कुंज गली
टेरत मोहन मुरली, राधे कुंज गली, टेरत...सोहन मुरली
करहू सिंगार हार, मोती गाँथू बारे–बार...2
बइली चमइली चम्पाकली, राधे कुंज गली...
मालिनी भेष धरी निकलहू छन भरी...2

बड़रे अवसरे आइझ पाली, राधे कुंज गली...2
टेरत मोहन मुरली राधे...कुंज गली

74

कृष्ण के रास लीला का वर्णन

रास मण्डील घना घोरे नन्दकिशोरे, रास मण्डील घना घोरे
केहू जे गावत केहू बजावत, केहू जे गावत
केहू बजावत, केहू सखी ताल मिलावैं नन्दकिशोरे
कोइ सखी ताल मिलावैं नन्दकिशोरे रास...2
राधा जे गावत, रुकमिण बजावत, राधा जे गावत
रुकमिण बजावत, श्रीकृष्ण ताल मिलावैं
नन्दकिशोरे रास मण्डील घना घोरे
नन्दकिशोरे रास मण्डील घन घोरे।

75

आछा मन में बूझहु, आछा दिल में बूझहू, तनीक राउर
तेजी गेलैं नन्द किशोर, आछा मन में बूझहू आछा...
सावन भादो के निशि अन्धी आधा राइत, बिजली चमके
चहुँओर, तेजी गेलैं नन्दकिशोर, आछा दिल बूझहू
आछा मन में बूझहूँ तनीक राउर, तेजी गेलैं...
नन्दन बन से लानी झूर गाड़ल, खेलते गोपिनी
घना घोर, तेजी गेलैं नन्दकिशोर, आछा...2

76

आम्बा महुवा डाइर लागल परत खोंचिया नन्दी के अइलन
लेनिहारे गे साजइन, ननदी के अइलन लेनिहारे गे साजइन
देहू गे आय माय तेल सेन्दुर कक्ही ननदी के देबइ सपराई
गोइ साजइन। पींधी ओढ़िये ननद बहुरा तरे ठाड़ रे

झर झर नयना झँझाइ गोइ साजइन झर...
मती कान्दू ननदी पटोरे पोछू लोर गोइ सावन गुजाइर
भादो लानब गे साजइन, सावन गुजाइर भादो...
एक कोस गेल ननद दुइ कोसा गेल रे, गड़ी गेल
रे मयेना साल कंटवा...2 देबू गे नउवा डाला भरी
सोनवा हेरी देहू रे मयेना साल कंटवा, हेरी देहू
अरवा ही देखल नउवा तरवहीं देखल रे नहीं मिले
रे मयेना साल कंटवा, नहीं मिले...2 आँखी तौरा फूटल
नउवा हरल ज्ञान (गेयान) रे छतीयाहीं रे मयेना साल
कंटवा, छतीयाहीं रे मयेना साल कंटवा।

77

कृष्ण लीला

श्री बृन्दाबन पर मुरली जे बाजे, मुरली सबद सुनी
एकसरे नींद नहीं आय, भला मुरली सबद सुनी...2
मिलहू गे सखीन सभे, जन दुही चारी, चलू जाब
सजनी भाइ उनकर मुरली चोराय, भला...2
भेल भिनुसारे मुरुगा देलैं बाँक, भला चले लागल
सजनी भाइ, चले लागल चीमटी के धाइर—भला...2
एक कोसा गेलैं, दुइ कोसा गेलैं, तीनी कोसे
सजनी भाइ, नागीन बेनियाँ डोलाय, भला
तीनी कोसे सजनी भाइ, नागीन बेनियाँ डोलाय।
पंछी जे रहती उड़ी बन जाती, बइठती बृन्दाबने
श्रीकृष्ण खेलत मुराइर, भला देखती नयना
भरी श्रीकृष्ण खेलत मुराइर
भला बइठती बीरीन्दा बने श्रीकृष्ण
खेलत मुराइ, भला देखती नयना भरी
श्रीकृष्ण बंसिया बजायें।

78

कृष्ण लीला

सबरे ग्वालिन एक मत भेल रे, बृन्दाबन दधी
बेचे गेल रे, एहे गोइ बृन्दाबन, दधी बेचे गेल जे,
सारी पहीर ग्वालिन निकललैं, धारी धाइर सिर पर
कुण्डा बोही लेल जे, एहे गोइ सिर पर कुण्डा बोही लेल
एक कोस गेल ग्वालिन, दुइ कोस गेल रे
बाटे छेकलैं नन्दलाल जे एहे गोइ बाटे...2
छोड़ू–छोड़ू नन्दलाल, हामरी हो बाट जे, जाइ के
होवइ बड़ा दूर जे, ओहे गोइ जाइ के...2
कइसे के छोड़ब ग्वालिन राउरी हो बाट रे
दइये राखु हामरी जगात रे एहे गोइ देइये...
जगात लइये के भेलैं, समतूल रे, हरखी
चललैं नन्दलाल जे एहे गोइ, हरखी चललैं...

79

कवने नगर के डोमीन बेटी रे कवने नगरे बाँस काटे एहे गोइ
गोकुला नगर के डोमीन बेटी रे, मथुरा नगरे बाँस काटे एहे गोर
खोरी खोरी हाँक पारल, डोमीन बेटी रे लेहू साँवरो
उधो माधो पेटी, एहे गोइ लेहू साँवरो...2
खोरी–खोरी हाँक पारल डोमीन बेटी रे कोनो सखी
मुँहऊ ना बोलैं, एहे गोइ कोनो सखी...2
उपरे झरोखा से राजा बेटा हाँक पारल, इने लानू
उधो माधो पेटी, एहे गोइ इने लानू...2
अंगरी के घरत–घरत घरल पहुँचाय रे, घर हर
लइये रे चढ़ावल, एहे गोइ, घर हर...2
राउर घरे है राजा कोठ अंटारी जे, हामर घरे
छेछरा कुरिया जे, एहे गोइ हामर घरे...2

कोठा अंटारी डोमीन सभे तो त्याइग देल, छेछरा
कुरिया मन भावे, एहे गोइ छेछरा...2
राउर घरे है राजा सेज तुरइया जे, हामर घरे
लेदरा पटीया जे, एहे गोइ, हामर घरे...2
सेज तुरइया डोमीन सभे तो त्यागल रे छेछरा
पटिया मन भावे, एहे गोइ लेदरा...2
राउर घरे है राजा सीखी चालीक भात रे, हामर घरे
गोंदली का ढ़ीपा रे, एहे गोइ हामर घरे...2
सीखी चालीक भात डोमीन, मनहूँ ना भावे जे
गोंदली का ढ़ीपा मन भावे, एहे गोइ गाँदली...2
दाइल रींघल लदर फदर, भात रांघल गीला जे
आबे डोमीन चित ले उतर गे। एहे गोइ
आबे डोमीन चित ले उतार जे।

80

का लगीन झखैं राजा नागवंशी जे, एहे गोइ का बदे
झखैं जिमीदार जे, एहे गोइ का लगीन झखैं जिमीदार रे।
राइज लगीन झखैं राजा नागवंशी
ए राम झेंगिन जखैं, जिमीदार जे, ए गोइ जींमीं...।
का रे काटलैं राजा नागवंशी रे, का रे काटलैं
जिमीदार ए गोइ का रे काटलैं जिमीदार जे।
काड़ा काटलैं राजा नागवंशी जे, भेड़ा काटलैं
जिमीदार जे, ए गोइ भेड़ा काटलैं जिमीदार।

81

फूलबारी गेली चमइली बारी गेली, लागी गेला रे दरमी केर
दगिया लागी गेला। देबूं गे धोबीन बेटी, डाला भरी सोनावा
धोइये देबे रे दरमी के दगिया धोइये देबो। आगी

लगाऊँ तोर डाला भरी सोनवा, नहीं छुटे रे दरमी दगिया नहीं छूटे। धोवे लागल धोबीनी चमके लागल बिछिया छूटे लागल रे दरमी के दगिया छुटे लागल रे दरमी के दगीया छुटे लागल।

82

ई कुले गंगा पारे कुले जमुना, बीचे ठावें रे कोरइया माला फूल गोइ बीचे ठावे। सेइ फूल बीनो बीछी गोइया रे जोरावल सेइयो गोइया, गोइया बीछुरन भेल गोइ सेइयो गोइया। गोइ गोइया हाँक पारल गोइया कहाँ गेल गोइ, आइझ गोइया, गोइया बीछुरन भेल गोइ आइझ गोइया। गोइया के जे भेटती नयना मइर देखती हियाभरी साँवइर लेती हंकवाइर गोइ।

83

अन दिन गंगा हलकी दलइक गोइ, आइझ गंगा गंगा बहल खिदोर गोइ आइझ गंगा। घसना का मटीया घसी पड़ी गेल गोइ सेइया वदे गंगा बहल खिदोर गोइ सेहो बदे।

84

बेगे चलू बेगे चलू चाँद रइया हो बेगे चलू, चन्दा होय गेल बिहान बेगे चलू, चन्दा भे गेल बिहान बेगे चलू। कइसे के बेगे चलू चाँद रइया हो, मोरे अंगे आहे पईंरी के भार मोरे अंगे आहे टड़ीया कर भार मोरे अंगे। पईंरी के बाँधू घनी मोटा झोटा हे...
तोहरो के धनी लेब अगुवाय
तोहरो के धनी लेब अगुवाय तोहरो के।

85

हो हो तब
मन्दरीया भाइ फारक जाबे, लाइग जातइ पईंयरी का चोट
तो मन्दरीया भाइ फरक जाबे। टुइट जातइ टँगना
फूइट जातइ मन्दरा, मन्दरीया भाइ फरक जाबे
छुइट जातइ जोड़ल पिरीतिया, मन्दरिया भाइ फरक
जाबे, लाइग जातइ टड़ीया के चोट तो मन्दरीया
टाँइग देबउ टँगना छरुवाय देबउ मन्दरा, मन्दरीया
भाइ फरके जाबे, जोइड़ देबइ छूटल पिरीतिया
मन्दरीया भाइ फरके जाबे, लागी जातइ...

86

हो हो तब के हेकी कहाँ जाइला, पुछीला तो
चालो नहीं करीला, के हेकी कहाँ जाइला
आवे के तो आवीला, ठाड़ काले रहीला, के हेकी
कहाँ जाइला, बोलू बात चुप काले रहीला
के हेकी कहाँ जाइला। राउर किरिया हामर किरिया
राउर बहिन किरिया, के हेकी कहाँ जाइला
बोलू बात चुप काले रहीला, के हेकी कहाँ
जाइला, पुछीला तो चालो नहीं करीला के हेकी
कहाँ जाइला। बोलू बात चुप काले रहीला...

87

बेंग राजा गेलैं खीरवा चोराय रे हाँ गोइ रे सातो भरीया
लेले जाये रे। एक भार तोरल दुइ भार तोरल रे हाँ
गोइ रे आय गेलैं खीरा रख बार जे हाँ गोइ रे आय...गेलैं...
एक डाँग मारल दुइ डाँग मारल रे हाँ गोइ रे
बेंग राजा गेलैं टीडूवाय रे हाँ गोइ रे...

छोटकी जे कान्दे सुसकी मुसकी रे हाँ गोइ रे
बड़की तो छतिया ढेढ़ाय रे, हाँ गोइ रे...
चन्दन काटिये काटी सरहर रचावल रे हाँ गोइ रे
बेल काटिये मुख आइग रे हाँ गोइ रे...
बहल बतास दइया घीटकल आइग रे
हाँ गोइ रे बनल छैयल जरी जायें रे हाँ गोइ रे...2
माँस हो गली–गली भुइयाँ पोड़ी गेल जे हाँ गोइ रे
हाड़ बनारस गेल जे हाँ गोइ रे हाड़ बनारस गेल जे

88

बड़ रे जतन सयें पोसली मयनवाँ सुन्दइर गे मयना
बोले के मरम नहीं जाने, सुन्दइर गे मयना...
किया मयना मन परे माये की बाप सुन्दइर गे...
मयना किया मयना सोहदर भाइ सुन्दइर गे...मयना
नहीं मोके मन परे माये की बाप, सुन्दइर गे...मयना
एक मोरा सोहदर भाइ सुन्दइर गे...मयना

89

तरींगन भवन इंजोर दिला, आय गेलैं रसा चोर, तरींगन
भवन इंजोर दिल आय गेलैं रसा चोर।
दीया बारू बाती बारू घर के इंजोर करू, दीया बारू
बाती बारू घर के बेकती देखू, किया–किया लेइये गेलैं
चोर, दिला आय भेलैं रसा चोर, तरींगन भवन इंजोर
अन धन सम्पती सब कीछु बाँचल, अन धन सम्पती
सब किछू बाँचल नन्दी के लेइये गेलैं चोर...
आय गेलैं रसा चोर तरींगन भवन इंजोर।
चोर के जे भेटती नयना भरी देखती भाई, चोर के
जे भेटती नयना भरी देखती, ननदी के लानब

झोंटा धइर, दिला आय गेलैं रसा चोर
ननदी के लानब धोसिआय दिला आय
गेलैं रसा चोर तरींगन भवन इंजोर।

90

कोन बने फूलल कारी कोरइया बन फूलल सजनी भाइ
कोने बने फूले कचनार, बन फूलल सजनी भाइ
कोने बने फूले कचनार। रनबने फूले कारी कोरइया
बन फूलल सजनी भाइ बीजू बने फूले कचनार
बन फूलल सजनी गे...2 कोन सुते गाँथब
कारी कोरइया बन फूलल सजनी भाइ, कोन सुते
गाँथब कचनार, बन फूलल सजनी भाइ कोन सुते
गाँथब कचनार। सोन सूते गाँथब कारी कोरइया
बन फूलल सजनी भाइ रूप सूते गाँथब कचनार
बन फूलल सजनी भाइ रूप सूते गाँथब कचनार
सेइ फूल पहिरलैं राँतू महाराज बन फूलल सजनी गे
धमसी चढ़लैं दरबार बन फूलल सजनी गे
धमसी बइठलैं दरबार। पुरुब पच्छिम से
बहल बतास बन फूलल सजनी भाइ
धम–धम करे दरबार बन फूलल सजनी भाइ
मह–मह करे दरबार। बन फूलल सजनी भाइ।

91

हैरे हाय रे चमके भूजा हीले गगरी हाय रे
चलत होबैं नान्ह डण्डा छोकरी, चमके भूजा हीले गगरी
सिर परे गगरी छयेला परे नजरी चमके भूजा
हीले गगरी हाय रे, ठेस लागल हपइट परल छोकरी
चमके भूजा हीले गगरी, हाय रे ठेस लागल...

92

दूध बेचे गेली, दही बेचे गेल रे जमुना भरल
दूइयो कूल। नदीया का नीरे तीरे केंवटा आवे
धीरे–धीरे हमरो के करू नदी पार जे। आजू के
ग्वालिन रहू हमरो घर जे कालू करबइ नदी पार
का तो खिआबे केंवटा कातो खिआबे रे कातो
ओढ़ाबे सगर राइत जे। दिने खिआबइ ग्वालिन
खाण्डा...2 माछ जे राती ओढ़ाबइ भँवर जाल
आगी लगावो तोर खाण्डा माछ रे, बजर पड़तइ
भँवर जाल जे। मूड़ल मूट केंवटा लादा...
जे तोके केंवटा गोरी केरा साध जे एहे...

93

रितू बसन्त भेल पिया मोके तेजी गेल कूहू–कूहू कोकिला
सुनावे हाय रे इसन समये गेल फावे। कुन्द कचनार चम्पा
धवइया के धोपे–धोपा...2 धम–धम धमकत आवे, हाय रे...
मन्द सुगन्ध बहे शीतल समीर बहे, कुहू–कूहू मदन
सतावे, हाय रे इसन समये गेल फावे।

94

कवने कसूरे दइया बीछुरल मोर पिया, एको छन
लागे नहीं बेसे हाय रे छोड़ी राखलैं दूर देशे।
घर आँगना सून पंजरे लागीलो घुन दहे तन
मदन हमेशे हाय रे छोड़ी राखलैं दूर देशे।
उनके तो सूख भेल मोके दुख देइये गेल
हाम भेली योगिनी का भेषे, हाय रे छोड़ी राखलैं।

95

आच्छा के रे मारल नैना बान, गोई
पिया बिन कइसे रहब,
आनल गवन कइर बेहरी पइठावल
आपने रहल परदेश गोइ पिया...
बाट बटोहिया तोयँ मोरा भइया
एके सन्देश लेले जाब, गोइ पिया...
जब हामे रही लड़िका अबोध
तब पिया रहलैं ओगइर गोइ पिया...
जब हाम भेली सुबध सेयान
तब पिया गेल परदेश, गोइ पिया...

96

गोकुला नगरिया जमुना डहरिया
ए गोइ रोकी रहलैं बनवारी झँखलैं ब्रजनारी
ए गोइ रोकी रहलैं बनवारी झँखलैं ब्रजनारी।
फोइर देलै चुड़ी फाइर देली साड़ी
ए गोइ फाइर देलैं लीला पट साड़ी
झँखलैं ब्रजनारी।
ललिता सलिता दुइयों संगी तोहार
ए गोइ रउरे राधा प्राण पेयारी
झँखलैं ब्रजनारी।

97

कइसे दिल बोधब गोइया,
आँखी लोरे भींजत छतिया, गोइ–
मन करे हरदम, पंछी रहती हम
उड़ि जाती जहाँ होबैं पिया, गोइ–

भावे न भोजन घरे नहीं नींद एक सरे
एही दसा होवत रँगिया, गोइ–
श्री हरि दरसन, बिन घाँसी झूरे मन
कड़कि करेजा उठे हिया गोइ...।
कइसे दिल बोधब गोइया।

98

श्री बृन्दाबन पर, मोहन मुरलीधर,
कदम तरे देखली कन्हैया, गे साजइन
चलहु देखन यदुरइया।
दमके दामिनी जोति, पीत मनोहर दुति
भउरे चन्द्रिका माथे टइया, गे साजइन
चलहु देखन यदुरइया।
बोले बानी हाँसी–हाँसी, अधरे टेरत बंसी
नाना अलंकार धरि नाचें थथक थइया, गे साजइन
चलउ देखन यदुरइया।

99

निमहे ना दिन चाइर निमहे ना दिन चाइर
निमहे न दिन चारी
हाय रे नाहके लावली प्रेम बारी
गोइ निमहे ना दिन चारी
तेजी गेलैं घनश्याम तेजी गेलैं घनश्याम
निमहे न दिन चारी
हाय रे छल बुद्धि लखउँ ना पारी
गोइ निमहे ना दिन चारी
नाँवा से जोड़ली प्रीत नाँवा से जोड़ली प्रीत
निमहे न दिन चारी

हाय रे करिया मरद दागादारी गोइ
निमहे ना दिन चारी।

100

श्री कृष्ण के रास–लीला का वर्णन

हो हो सखी बृन्दाबन रास
बाजे बंसी ए हो, गोपी हैं उदास
सखी बृन्दाबन रास
हो हो सखी बृन्दाबन रास
चलु सखी जब ए हो जहाँ ब्रजवास
सखी बृन्दाबन रास
बाजत है संख घण्ट बाजत नरसिंहा सखी बृन्दाबन रास
चमकत है साँवरो बिजुरी समान सखी बृन्दाबन रास
बाजे वंशी ए हो गोपी हैं उदास
सखी वृन्दावन रास।

101

आच्छा छुनु मुनु मइयाँ गे
भरे जल पानी चमइली डगरे
हाँथे उरमाल लाल तिलक सोभे भारी
मुख भइर पान खाली सुरती कसइली
चमइली डगरे।
आच्छा छुनु मुनु मइयाँ गे
भरे जल पानी चमइली डगरे।

102

एंड़ी पइंरिया एंड़ी लवइक गेल
मार झलामइल उझलपाझल दिला लागे

जहाँ बाजे बंसुरिया हाय रे हाय
दिला लागे जहाँ बाजे बंसुरिया
डाण्डा पटोरवा डाण्डा लवइक गेल
मार झलामइल उझलपाइल दिला लागे
जहाँ बाजे बंसुरिया हाय रे हाय
दिला लागे जहाँ बाजे बंसुरिया
कान तरकिया कान लवइक गेल
मार झलामइल उझलपाइल दिला लागे
जहाँ बाजे बंसुरिया हाय रे हाय
दिला लागे जहाँ बाजे बंसुरिया।

103

घन–घन डाके बंसिया मन हाके
सजनी हाय रे निशि घन घोर आन्धार,
पथ नहीं दीसे मनवा नहीं बुझे
सजनी हाय रे कइसे मिलबैं बनवारी।

104

कहाँ से आवैं मनमोहन रे
सुनहु नटनागइर सुनहु ब्रजनागइर
ए गोइ कहाँ से आवैं नन्दलाल
सुनहु नटनागइर सुनब ब्रजनागइर
पुरबे से आवैं मनमोहन रे
सुनहु नटनागइर सुनहु ब्रजनागइर
एहो पछिमे से आवैं नन्दलाल
सुनहु नटनागइर सुनहु ब्रजनागइर
कहाँ उतारब मनमोहन रे सुनहु नटनागइर
सुनहु ब्रजनागइर सुनहु ब्रजनागइर

मड़वे उतारब मनमोहन रे सुनहु नटनागइर
एहो झमड़े उतारब नन्दलाल सुनहु...
का रे खियायब मनमोहन सुनहु नटनागइर।
दूध पियायब मनमोहन रे सुनहु नटनागइर सुनहु ब्रजनागइर
एहो खोया खियायब नन्दलाल सुनहु नटनागइर सुनहु ब्रजनागइर।

105

हो हो सेतो देखे चलू सेतो काँकेर राइज गोई देखे चलू
राखी पूर्णिमा दिन गद्दी होवे भारी
देखे चलू सेतो काँकेर राइज गोइ देखे चलू
आगे आगे महाराज पीछे भइया अरुण
सेकर पाँती रे चललैं बुढ़ा मनीजर सेकर पाँती
बिलखत दुदुमाँ मन में बिचारी
अति शोभा रे दीसलैं चाइरो भइया गोइ अति शोभा।

106

(जोड़ा)

काँकेर राइज अति शोभा मान रे
महाराज धिराज लेलैं अवतार रे
एहे गोइ महाराज धिराज लेलैं अवतार जे
आड़ानी पाँखा सभे तो हाजिर रे
धोना महतो चाँवर डोलाय रे
एहे गोइ धोना महतो चाँवर डोलाय रे
नविन साय पालन माँगे अरज लगाय रे
आशा लाइख करे गुन गान जे
एहे गोइ आशा लाइख करे गुणगान जे।

107

झूमर

फूल लोरे गेली मालिन सोन फुलवरिया
फूल केरा हार मालिन रहली छिपाय
गोइ समय जाइन समये जाइन
गोरी करहु सिंगार गोइ समये जाइन
सेइ फूल बीनी बीछी गांथलों मोयं हार
पीठ परे फूदेना फूदेना परे हार
गोइ समये जाइन...।
साइस मोरा दारुनी बेनिया डोलाय
तुलसी पतइया लेले किरिया खियाय
गोइ समये जाइन...।
लीली हो लीली घोड़ा लीली असवरिया
सेहो चढ़ी आवत होबैं सामी हमार
गोइ समये जाइन...।

108

झूमर

सांझ समये बेरी
निकसत ब्रज खोरी
जात देखली एक
अचरज नारी
सेइ रूप दुति
मोर बिसरे ना पारी
सेइ रूप दुति।
बेनी लोटत पीठे
चढ़त भुजंग सोहे

कनक अंटारी
सेई रूप दुति
मोर बिसरे ना पारी।

109

झमकी बसन्त माय
फूल मधु झरे भाइ
अलि तो झंकार करे
अनंग सताय
जदुबर नहीं आय
आम्बा भंजरे भाइ; परास धधकाय भाइ;
झंखते झंखते मोहि
रजनी सिराय
जदुबर नहीं आय।

110

बैदेही को रामचन्द्र को देने के लिए मन्दोदरी रावण से अनुरोध कर रही है।

झूमर (अंगनइ)
बैदेही के देहु एहि खन
पिया पावन हो
परिहरू बैर बीर आपन।
कैटभ घन मघुसूदन
भगत हीन अनेक तन
चक्रधारी, शत्रु मारी दनुज दहन
पिया पावन हो
परिहरू बैर बीर आपन
मन्दोदरी पद धरी गहिरा रोदन
पिया पावन रे परिहरू बैर बीर आपन।

112

(जोड़ा)

रघुपति राम कौशल्या नन्दन
भजु पावन हो रघुपति राम कौशल्या नन्दन।
अखिल लोक ब्रहाण्ड
सात द्वीप नव खण्ड
जगत पाल, दनुज काल अधम उधारन
भजु पावन हो
रघुपति राम कौशल्या नन्दन।

❑❑